改變性別，是為了活出真實自我

変えてゆく勇気

「性同一性障害」の私から

日本第一位跨性別議員
為性少數、性別認同障礙者打破成規，
改變社會！

上川礼——著
葉廷昭——譯

導讀

跨性別者的自我覺醒，改變日本社會，扭轉弱勢命運

許秀雯（臺灣伴侶權益推動聯盟創會理事長，
跨性別免術換證公益訴訟律師）

這是一本珍貴的書。是一本跨性別者自我覺醒，投入公共參與、乃至從政之路，希望改變弱勢者命運的自傳書寫。

以跨性別生命故事為主題的華文書，市面上能找到的並不多，一方面因為跨性別原本即為人口中的少數，許多人「跨出去」後，並不想讓別人知道自己的過去，從而這一類跨性別的公開敘事截至目前，仍頗為罕見。

不同於歐美，來自亞洲的跨性別者敘事

印象中我讀過的第一本跨性別自傳書寫，是英國知名記者兼史學家珍・莫里斯

（Jan Morris）的《難題（Conundrum）》，出版於一九七四年，是世上最早由跨性別主體自我發聲，談論個人性別認同、進行性別重置手術等經歷的先鋒之作。我當年讀的是一九九五年、由文學家郁達夫之子郁飛翻譯的版本，書名為《我是變性人：顛覆兩性者的自我告白》。

在臺灣，跨性別自述的重要作品還要算上費雷思（Leslie Feinberg）的自傳體小說《藍調石牆T（Stone Butch Blues）》，該書一九九三年於美國出版，臺灣中譯本出版時已是二〇〇〇年（譯者陳婷）；值得一提的還有凱特・博恩斯坦（Kate Bornstein）一九九四年出版的《Gender Outlaw》，中國譯者廖愛晚將書名譯為《性別是條毛毛蟲》，二〇一三年在中國出簡體版，臺灣則無譯本。

以上幾本都是英美跨性別者的著作，而日本第一位跨性別議員上川礼的《改變性別，是為了活出真實自我》，在風格或內容上都提供了迥異於前述歐美跨性別者的敘事。

本書記錄上川議員的性別與情感認同探索歷程，具體勾勒出日本社會的性別文化輪廓，更寫下她本人逐一親身「體檢」日本法律制度如何對待跨性別者的經驗。有性別認同抗爭實錄，例如在法定性別未變更前，即爭取正式以「女性」身分參選、戶籍性別與性別表現不同造成社會參與、乃至社會保險等制度使用上的困境；有旨在賦權的教戰守則；也有對其他多元性別者接近於心理勵志的溫暖提醒和建議。

對「跨性別」需有的正確認知

時至二十一世紀的今日臺灣，作為一個LGBT運動的積極倡議者，我認為我們社會的多數人仍對跨性別相當陌生，且往往欠缺正確認知。跨性別的資訊相對匱乏，可想而知，跨性別的兒童、青少年在成長過程也會匱缺典範及認同的資源，所以跨性別主體能自我表述、自我發聲就格外重要。

本書二〇〇七年在日本出版，當時的精神醫學界普遍使用本書中所使用、較具有病理化意涵的「性別認同障礙」（gender identity disorder）一語，來描述／診斷跨性別。但過去這些年，全球精神醫學的兩大體系，包括美國精神醫學會及世界衛生組織對跨性別的見解均有重大改變。二〇一三年，美國精神醫學會出版的精神疾病診斷與統計手冊第五版（DSM-5）已改用「性別不安」（gender dysphoria）取代「性別認同障礙」；世界衛生組織於二〇一八年公布第十一版國際疾病分類標準（ICD-11）正式版，則改用「性別不一致」（gender incongruence）的診斷取代「性別認同障礙」，並將之從精神疾病章節移到性健康章節，被視為是跨性別去病化的重大里程碑。

簡言之，無論是「性別不安」或「性別不一致」，都不再把跨性別視為疾病。性別認同的多樣性是「正常」的，這是今日臺灣讀者在閱讀此書時，必須理解的一個補充脈絡。

為自己發聲，上川礼推動立法

伴盟和上川議員的緣分最早可追溯自二〇一四年底，當時伴盟專員徐蓓婕赴日實地訪談多位日本LGBT運動者，上川議員就是其中一位，那時我就被上川議員從政故事的戲劇性所震撼。

二〇一五年，我受南韓正義黨之邀到南韓國會演講，分享臺灣多元成家運動的進展，上川議員也是該場國會研討會的受邀講者之一；後來在不同的臺日同志運動者交流場合，我與上川議員有了更多接觸與認識，對她溫柔堅毅的人格特質，以及以跨性別身分獨立參選地方議員、次次高票連任的成就印象深刻，所以當我知道她曾大力推動日本性別變更法律「性別認同障礙特別法」，並把相關推動立法及從政經驗寫成書後，我就想，啊，這一定要引介來臺灣！亞洲的跨性別需要相互看見，縱使臺日的社會脈絡與進程不會一模一樣，也必有值得借鏡之處。

依據日本過往法律規定，戶籍性別曾經只允許在登記錯誤或疏漏的情況下才可以變更性別登記，從而在二〇〇一年，有多位「出生時被指定性別」與「性別認同」不一致的跨性別者，即使完成了性別重置手術，法院仍駁回其變更性別的聲請。上川礼在二〇〇三年首次當選地方議員後，抓住執政黨有意立法的政治時機，和其他有志之士開始推動「性別認同障礙特別法」立法，最終在同年七月立法通過。上川坦言，這個版本的立法內容對她及許多一起奮鬥的人來說，並不太能接受與滿意（相關條件相當嚴苛與不合理，包括強制手術要件及「無子條款」等，比臺灣現狀更為嚴苛），但在當年，日本根本不允許變更戶籍性別，特別法通過至少讓性別變更登記在法律上有了依據，讓跨性別者的需求與社會處境打破沉默、成為正式的政治議程、提升跨性別者的社會能見度，而特別法的不完善，則成為未來繼續改革和爭取權益的標的。

從她的改變，看臺灣可以扭轉的現況

而在臺灣，跨性別者的性別變更欠缺法律明文規定，長期以來是依據內政部二〇〇八年的一紙函釋規定：「跨性別者若要變更法定性別，當事人必須出具兩名精神科專科醫師評估鑑定診斷書，以及合格醫療機構開具的手術證明，若要由女性變更為男性，需摘除乳房、子宮、卵巢；若要由男性變更為女性，則被要求摘除陰莖及睪丸。」

問題是，跨性別者有其異質性，不是每個跨性別都想要或需要動手術，也不是每個跨性別者都能負擔手術的高昂費用及手術風險。我和伴盟義務律師團因此自二〇二〇年起，陸續代理了三起不同的跨性別當事人要求免術換證（變更性別登記取消強制手術要件）的司法訴訟，希望藉此司法程序，宣告內政部函釋違法（違反法律保留原則、侵害跨性別人格權、平等權），還給跨性別公民性別認同的基本人權。

與此同時，伴盟也成立跨性別工作小組，進行民間版性別登記與變更的法案研擬，期望改變政府十多年來的不作為狀態，推動立法，讓未來包括跨性別、間性人／雙性人／陰陽人（intersex）、非二元（non-binary）等多元性別，都能擁有更多元與自由表達自我性別認同的權利。

聆聽他們的聲音，改變看待性別的視野

作為一個公開出櫃的女同志，上川在書中寫到的許多句子時常讓我驚豔與共鳴，她強調弱勢族群若想要改變處境，就必須發聲、表達需求，也用她自己的經驗，溫柔而堅定地提醒大家——「欺騙自己的心，絕對得不到幸福」，要「與社會共生」，藉由積極的社會參與和行動，主動改變迂腐陳舊的社會價值觀。

性別是一條河流，而這是一個在河流中曾經就要沒頂之人，學會游泳、優雅渡河的

作品。作者用行動改變了自己的人生和日本社會。我要特別感謝時報出版社決定出版此書，也邀請您閱讀此書，一起加入改變性別視野以及世界的行列！

認同推薦

同樣身為從政者，看到上川議員突破框架、活出真實自我，更幫助同樣正在掙扎的人們找回自己，真心感佩。

人存在的價值，理應追求「自我認同」，而非回應大眾對於生理性別的社會期待。唯有認識自己、找回自我，才能跟巨大的社會抗衡。

我從此書感受到滿滿的勇氣，而這股勇氣有如一道光，它照亮前方，更帶領許多人走出暗夜森林。

——林亮君（臺北市議員）

一個人站出來，無法改變社會偏見，但一個人站上有影響力的位置，就有機會要求更多人改變偏見的舉止，上川礼選擇這麼做了。

不只是她，近年越來越多跨性別者選擇自揭身分，只為了證明，我們看待一個人，必須將生理與心理分開思考。藉由本書，我們要打開自己視野的狹隘與缺處，傾聽被忽視的心情。如此，才有能力讓這個世界更寬容、多元，才能讓每個人以自己想要的模樣活著，我相信那會是我們共好的社會。

——諶淑婷（作家）

捧讀上川礼血淚交織的經驗，看似有禮其實僭越，那辛苦的生命歷程，化作字句，我們再怎麼深入品味，猶不能感同身受她的風雨於萬一。

掙扎於認同，衝擊於體制，運籌於政治，在在都是艱難的工程，可上川礼熬了過來，而且不吝將經驗鉅細靡遺地書寫下來，供後來者參考。

本書不是人生指南，但有前人踩過，確實把路踏平了許多，不論是猶疑徬徨的性別少數，或有志於政治工作，或誓為弱勢發聲者，都能在其中找到更好行走的相應之道。

——劉育豪（高雄市性別公民行動協會理事長）

目次

目次

前言

跨越重重難關

人生的際遇真的很不可思議。

現在的我，過著自己從沒想像過的人生。

一九九五年，我二十七歲，那一年我放棄了「男性」的工作生涯，並不斷摸索如何活出真正的自我，一直到三十多歲，才決定以「女性」身分過活。

如今我當上世田谷區議員，在參選前，我從沒想過要當政治家，甚至對政治有種不信任感，根本不想接觸政治。政治冷感的我會成為議員，實在很不可思議。

大約四年前，我公開自己有「性別認同障礙」問題，並出來角逐區議員。我曾經隱瞞自己身為「男性」的事實，以「女性」身分工作四年，這段經歷讓我決定挺身而出。

過去我很害怕被歧視，只能在制度的夾縫中求生存。「戶籍性別」是我參與社會活動最大的阻礙，而且以匿名的方式參與社會，無法尋求行政和司法的協助。就在我深感絕望時，一個真誠的渴望也浮現心頭。

我想活得像一個人。

走到陽光下喊出自己的訴求，意味著我必須永遠背負「自己曾為男性」的事實。現在回過頭來看，參選對我無疑是一個重大的決定，但那樣的渴望正是我的動力。當上了議員，我才發現社會上有很多人跟過去的我一樣，忍受著不為人知的煩惱，連要說出自己的訴求都有困難。

從「男性」到「女性」，從「沉默」到「發聲」，從「孤立」到「聯繫」。這本書會談到我跨越各種難關的經驗，以及我決定走到陽光下以後，遇到了哪些弱勢族群。同時，我也希望各位一起思考，如何共同打造一個「寬容的社會」，讓大家可以勇敢活出自我。

說不定正在閱讀本書的你，也被極大的困難打入絕望的深淵，但我想告訴你，你並不孤獨。你應該盡自己所能表達訴求，找到跟你有同樣想法的人，持續努力跟外界溝通，總有一天，大家會感受到你的熱忱。也許一開始只有小小的變化，可是路會越走越寬，社會風氣也會慢慢改變。

我衷心期望，這本書能帶給各位改變的勇氣。

本書並非只談「性別認同障礙」，不過有些訊息我想先澄清一下。所謂「性別認同障礙」，意指出生性別性別認同不一致的煩惱，世界衛生組織的疾病分類中有這樣的名稱。按照日本精神神經學會的確診定義，在日本被診斷為「性別認同障礙」的共有五千人左右。

一般人對「性別」的認知應該都符合現代社會的普遍定義，即一生下來就會根據性器官的形狀決定性別，被當成男生或女生扶養長大。

那麼「心理性別」又是什麼呢？有些人聽到這個問題可能會很困惑。到底什麼是生理男性、心理女性？什麼又是生理女性、心理男性？想必有人搞不清楚這是怎麼一回事。用比較專業的說法解釋，「心理性別」又稱為「性別認同」。大部分生理男性，會認為自己是男性，反之亦然，「性別認同」就是這樣的認知。但「性別認同障礙」者，性別和「性別認同」是不一致的。至於「性別認同障礙」算不算疾病，近年來有廣泛的討論，或許未來人們的觀念會有所改變，這一點請各位先記在心裡就好。[1]

我第一次聽到「性別認同障礙」這個詞，是在一九九六年七月，詳情容後表述。當時各大媒體報導，埼玉醫科大學倫理委員會有條件同意「變性手術」，但我從小到大完全不曉得這樣的概念，一直無法適應自己的身體，人生活了二十七年，卻完全不了解自己。

性別二分法是當今社會根深蒂固的觀念，像我這種改變生理性別、不受既有性別觀念束縛的人，統稱為「跨性別者」。同樣是「跨性別」，也有各種不同的類型，有些人是跨性別者，但沒有性別認同問題。因此，也請各位先理解一件事，我本人是跨性別者，也接受自己有「性別認同障礙」。

1　編按：本書在日本出版於二〇〇七年，當時仍將性別不安（gender dysphoria）或性別不一致（gender incongruence），稱為性別認同障礙（gender identity disorder）。為呈現作者當時所面對的境況，本書仍保留原文使用的「性別認同障礙」。

第一章

我的戶籍性別是男性——從政之路

從暗處走到陽光下，表達訴求

初試啼聲

二〇〇三年二月二十六日早晨，我人在京都工作，打開《朝日新聞》早報，一個斗大的標題映入眼簾——「性別認同障礙者決意參選」。

我就是標題說的當事人。我參選東京都世田谷區議員的消息首次登上媒體。沒想到京都的報紙也刊載了這則消息，我有些錯愕。東京報紙刊載的版面肯定更大，我也再次體認到這件事有多重大。

我連忙搭乘新幹線趕回東京，跟夥伴商量對策。我們決定隔天早上到小田急線的豪德寺車站前，舉辦街頭演說。我把握時間做好準備，明明想講的話題一大堆，卻想不出要用什麼關鍵字吸引路人注意。眾人苦思良久，有人建議用「我的戶籍性別是男性」作為標語。

眼看活動就要開始，我的一顆心也七上八下。

街頭演說的主要目的，是讓路人記住我的名字和長相。而且，車站前熙來攘往的路人多半是忙碌的上班族，傳達的訊息最好言簡意賅，才能深入人心。至於具體內容，再請有興趣的路人看傳單就好。

打扮成女性的我，說出自己的戶籍性別是男性，這樣的標語確實有引人注目的衝擊性。我的理性也很清楚，這麼做可以明確點出我要

我鼓起勇氣站上街頭演說，表達訴求。

表達的訴求，算是一個很不錯的訊息，但我的內心是在淌血的。過去除了家人和跨性別的夥伴，沒人知道我有性別認同障礙。如今我必須把這個事實昭告天下。這種恐懼感，就好比撕開傷口給別人看一樣。這不是什麼值得鼓勵的行為，但要達到目的又不得不做，我的心情非常複雜。

隔天二十七日早上八點，我第一次站到車站前。車站出入口早已擠滿通勤的上班族和學生，光是站在那裡，沒有人會多注意我一秒。我急著要開口，卻遲遲不敢下決心。儘管春天的腳步已近，氣溫還是十分寒冷，人們都縮起身子快步走過。我也覺得很冷，可是握著麥克風的手緊張到冒汗。是時候鼓起勇氣了……

「大家早，我叫上川礼，我的戶籍性別是男性。上班上學的朋友，路上小心喔。」

那時候我留著及腰長髮，身穿紅色套裝，乍看之下就是個「女性」。路人都被我「衝擊性的自白」嚇到，訝異地觀察我的表情和身體。

這是用來吸引關注的話術，但我只希望大家趕快走過，最好不要注意到我——我就抱著這種矛盾的心情展開街頭活動。接下來兩個小時，我就像一臺壞掉的留聲機，不斷重複著同樣的口號。當天空氣很乾燥，我緊張得要死，喉嚨又乾又渴，聲音也喊到沙啞了。羞恥和不甘的情緒在內心翻騰，淚水也在眼眶裡打轉。

這是我三十多年的生涯中，過得最漫長的一段時光。

扭轉絕望

我也是百般糾結才決定參選的，說實話，過去我幾乎不關心政治。三十歲以後我開始以女性的身分過活，就再也沒有去投票了。投票通知單上有標記性別，而我的戶籍性別是「男性」，選務人員肯定會懷疑我冒名頂替。我死也不想在左鄰右舍面前說明自己的性別認同問題。

如果生活還過得去，就算有一些不安或不方便，我也不會出來參選。可是很多事我越來越難以忍受，這種心情也堅定了我參選的意志。我決定出來參選，說白了就是對這個社會感到絕望。

二〇〇三年，「性別認同障礙者」正處於一種進退維谷的局面。

二〇〇一年十月，電視劇《三年B班金八老師》第六季開播。後來成為當紅偶像的上戶彩小姐，以精湛演技詮釋一名有「性別認同障礙」的學生，引起廣大關注。隔年三月，競艇選手安藤大將[2]公開自己有「性別認同障礙」，選手性別登記從女性改為男性；同年六月，某位「性別認同障礙者」穿著女裝上班，被公司解雇。該名員工向法院提出抗告，東京地方法院認同其主張，判決解雇無效；九月，東京都小金井市議會上，某份意見書在議員提案的場合通過表決，內容是〈關於性別認同障礙者的性別登記問題，應盡可能給予性別變更的機會〉。

這些議題都被媒體大幅報導，社會也開始關注「性別認同」的議題。然而，媒體的關注是善變的，搞不好過了一年半載，人們還沒有深入了解問題，報導的浪潮就過去了。

由於我的外觀和戶籍性別有落差，到公家機關辦事總會碰到問題。我的外貌和身分證明文件上的性別不同，連要租一間房子都不容易。也有人害怕健保卡上的性別曝光，不敢到醫院看病，最後失去了寶貴的性命——然而，行政和司法對這些問題置若罔聞。

剩下的方法就是遊說政治家，請他們透過立法程序，提供性別變更的機會，無奈也少有政治家聆聽我們的訴求。

除非有更大的社會運動發生，否則這個問題肯定會被遺忘。我懷抱強烈的危機意識，持續找國會議員陳情，也認識了家西悟議員（當時是眾議院議員，現在是參議院議員）。家西先生是血友病患者，因為使用了非加熱凝血製劑而罹患愛滋病。為了讓政府承認行政疏失，他積極研究藥物汙染造成的愛滋問題，並公開自己的身分和本名，擔任大阪愛滋藥害訴訟的原告團代表。這樣的經歷帶領家西先生走上從政之路，他對我說了這麼一段話。

「確實『性別認同障礙』是關乎人權的重大議題。不過，立法意味著要改變國家，所以有必要引起輿論關注。當事者必須站出來表達訴求，獲得社會認同才行。」

那是二〇〇三年一月二十二日的事。從那一天起，這句話一直在我腦海中揮之不

2　本名安藤千夏，於二〇〇二年接受乳房切除手術後，改名為安藤大將，並以男性身分參賽。二〇〇五年引退。

去。當時身邊的夥伴也問我要不要參選，一開始我當然拒絕了，我不認為自己辦得到。

自問自答

我害怕別人的偏見，過去始終低著頭走路、夾著尾巴做人。可是，再這樣下去情況也不會改善，如果有人敢公開自己有「性別認同障礙」，說出自己的困境，肯定會成為新的催化劑，喚起社會大眾正視我們的問題。換言之，要有「某個人」站出來才行。但誰要站出來呢？我嗎？……不行，太可怕了……可話說回來，推給別人去做似乎又不太對。與其冀望別人發聲，不如主動站出來才是正解吧……

我煩惱了好幾天，決定跟我的伴侶山路明人商量。一九九七年，我們在「TS和TG（性別轉換和跨性別者）之友會」認識彼此，那是跨性別者和性別認同障礙者的互助團體（現在通稱為TNJ）。他跟我正好相反，是從女性轉變為男性。我們在尚未徹底變性、還保持中性外貌時就認識對方了。隨著「療程」進行，我和他找回了適合自己的性別，彷彿互相交換了性別般，那也是我們共有的一段經歷。我們共度許多難關，互相關照扶持，一起祈禱小小的希望降臨。他是我重要的同伴，那時我們已經同居五年了。

假如我真的參選，受牽連最深的肯定是他。兩人共同維繫的寧靜生活也將蕩然無存。不過，沒有他的支持，我也沒勇氣踏入陌生的政治領域。於是我跟他談起這件事，說現在夥伴們期盼有人站出來，我考慮了很久，打算角逐這次世田谷區議員。

可是，他不置可否，沒有給我正面的答覆。

我在煩惱時，習慣跟親朋好友商量，藉此整理自己的情緒，山路比較習慣自己一個人思考。我多次詢問他的意見，試探他真正的想法，但他只說決定權在我身上。

我也問過其他朋友，「TNJ」主辦人森野女士對我參選抱持正面的看法。她說我有口才和文采，參選也許是人生的一大機遇。然而，其他成員的反應有些複雜，他們知道一定要有人站出來，但這個重擔我背得起嗎？參選代表我一輩子都會被貼上「變性人」標籤。我高中和大學時代的好友也擔心我被歧視，甚至還有人表示憤怒，質疑我的夥伴為何把我這麼柔弱的人推上前線。有朋友還傳簡訊告訴我，參選是要賭上性命的，得做好承擔各種罵名的心理準備。

我不斷反問自己，我要做的是一件這麼嚴重的事嗎？

徵詢家人意見

我決定跟家人商量，在前往老家的電車上，眺望窗外熟悉的夜景，心裡琢磨著家人可能有的反應。母親開朗外向，也有多次參與選務的經驗，她頂多只會感到訝異，不會反對我的決定吧。至於父親，他年輕時一個人赤手空拳到東京打拚，深知社會險惡，說不定會反對我參選。

聽完我的想法後，最先表示意見的是母親。

「每個候選人背後都有支持他們的團體，還有地方上的支援。不過，要拿到票終究不是件容易的事。我認為妳的訴求是正確的，但有多少人願意聆聽呢？沒有堅實的基礎是很難當選的。」

母親很了解選舉的門道，也提供了精闢的分析。俗話說得好，選舉得掌握三大堅實基礎才有機會勝選，分別是「地緣支持、響亮頭銜、充裕資金」。如果我在父母的支持下，出來角逐家鄉的議員也就罷了，偏偏我要參選的是離老家很遠的世田谷區。而且我除了「性別認同障礙」的身分，沒有任何頭銜與知名度，選舉資金更是趨近於零。弟弟也持反對意見，他明白我的訴求，只是他不能理解，為什麼這個重擔要我來扛？就連我家的愛犬偉士牌，也在一旁憂心忡忡地看著我。

全家人都不說話，父親靜靜地開口了。

「出來參選一、兩回，也無法立刻改變社會的偏見。不過妳說得也對，總要有人站出來發聲才行。妳出馬參選也許會吃大虧，遭到不公平的對待。有些人可能不了解問題的本質，只會把妳當成嘩眾取寵的人。妳若真想站出來，我也沒有理由反對。去做妳覺得正確的事吧，也不用擔心會給我們添麻煩，努力替妳自己和朋友們爭取幸福吧。」

沒想到，父親是最贊成我參選的。母親和弟弟默默聆聽父親的意見，也不再表示反對。臨行前，父親對我說，千萬不要當一個不切實際的唐吉軻德，否則大家只會當我是怪人，沒有人會正視我的訴求。

在回家的路上，我感動得熱淚盈眶。我看過很多好友被他們最深愛的家人否定——當你的家人不斷否定你，說你有毛病，你很難勇敢做自己，更不可能有什麼自我肯定感，連要好好活下去都有困難。幸好我的家人體諒我，也願意支持我。那麼，我更應該站出來表達訴求不是嗎？

決定參選！

區議員選舉的投票日在四月底，我一直猶豫不決，半個月一下就過去了。照理說，這個時期早該做決定了。

「怎麼都沒有人站出來，呼籲大家正視這個問題呢？」

這段時間裡，我都抱著這種推諉卸責的心態，但內心很期待山路說服我參選，可是他沒有那樣做。我感到焦躁，又不敢下定決心，每天都睡不好，連飯也吃不下。

我天天想著要參選，天天都問山路該如何是好，後來他也被我問到煩了。

「所以妳到底想怎麼做？決定不了的話就不要選了。」山路逼我給出一個答覆。

我也被這句話激到了。

「可是，不參選就無法改變現狀啊！」

「我沒在跟妳說這個，我是在問妳結論，妳到底要不要選？」

「你問我結論，我哪可能給你百分之百肯定的答案啊。我想參選的意願從來沒有低於五成啦，我選就是了！」

我回話的口氣很不好，山路卻溫和地說，想選的話就選吧，他也會盡力幫忙。之後我們拜託好友A擔任選舉顧問，A說競選辦公室要有一個人負責處理大小事，山路最好辭掉工作來幫忙，否則還是放棄參選比較好。山路二話不說，隔天就跟公司遞出辭呈，連要拿來做性別重置手術的存款也統統給我當選舉經費。要知道，性別重置手術費用高昂，而且沒有健保給付。

參選過程中，我的身旁聚集了形形色色的人。要是沒有人整合這些想法各異的人，偶爾出面替我擋下惡意攻擊，我是沒有辦法跨越這道難關的。山路替我承擔了一切責任，也一路支持我到最後。

以「女性」身分參選

為成立競選辦公室奔波

決定參選後，得先找一間辦公室當作據點。不過，我們跑了好幾家房仲，一說出要找競選辦公室，業者就面有難色。再者，我辭掉了自己的工作，收入並不穩定，長相和身分證明文件上的性別又有落差。還沒開始打選戰就四處碰壁了。無計可施之下，朋友替我找上一位蛋糕店老闆，那位老闆是豪德寺商店街有頭有臉的人物。

時間是二月中旬，距離投票日還有兩個月左右。我們前去拜會蛋糕店老闆，老闆一開始以為我是普通的女性候選人，問我為何想要參選？

才剛踏出第一步，我就得說明參選的理由了。我老實承認自己有性別認同障礙，在各種情況下都被社會制度排擠，所以才要站出來呼籲大家正視這個問題。

老闆聽完我的說明後，不能理解我生為男性，為什麼要刻意當一個女性？前面的說明都白搭了，於是我談起自己從小到大的際遇。小時候我對自己的性別感到疑惑，青春期也找不到人訴苦。長大後，還得裝成普通男性，到外面上班工作。後來我離開家人，搬到世田谷獨立生活……我花了一個多小時訴說自己的經歷，淚水多次在眼眶裡打轉。

老闆雙手環胸，似乎還是不能理解我參選的理由。一直在老闆後方聽我說明的老闆娘，這時候終於開口了。老闆娘說，她可以理解我為何選擇當一個女性，而且她也告訴自己的丈夫，這不是用邏輯就能說清楚的事。老闆沉默了一會，才下定決心替我問看看這附近有沒有空的店鋪。也多虧這次拜訪，二月二十三日，我們總算租到了競選辦公室。

那裡本來是一間壽司店，打開木製的拉門，右手邊是櫃臺，櫃臺上方有專門用來擺放壽司材料的玻璃罩。左手邊則是地板墊高的榻榻米和室，後方還有六坪左右的西式客廳。空間寬敞固然是一件好事，但裡面看起來昏暗又空曠，看到這樣的環境，再加上第一次參選的不安，我的心情很沉重。

我們第一次召開選舉對策會議，只有六個人參加，分別是當時的小金井市議員若竹良子女士、選舉顧問A、相關人士I和M，以及山路和我。我們從自己家裡搬來的器材只有電話和電腦，剩下全靠朋友四處奔走，替我們張羅好一切。到頭來，會用到的東西都是別人慷慨樂捐，我們幾乎不用買什麼新的物品，至今我依然很感激大家的幫忙。

過了一段時間，包含我在內的競選團隊才湊了十個人左右，大家只能在工作之餘抽時間幫忙，競選辦公室始終很冷清。

不料到了三月十六日，有將近四十個人來競選辦公室幫忙。除了跨性別者，不少是看了新聞報導和宣揚我個人理念的網站，特地前來幫忙的，有學者、劇團成員、大學生、家庭主婦等，大家懷著不同的理念共聚一堂。看到辦公室擠得水洩不通，我心中充滿了驚喜和感激。

當時還有一個令我難忘的回憶。我的父母也有來幫忙，有人拜託父親向大家說幾句話，情緒激動的父親，不小心把我說成了「犬子」。底下的人都被父親逗笑了，上臺演說前母親還特別叮嚀他，千萬不能把我說成男生。父親也一直默念母親的叮嚀，結果上臺還是不小心說錯了。

這個意外的笑點，也讓競選辦公室的氣氛更加融洽。

以「女性」身分參選

在正式提出參選前，還有「事前審查」這道非硬性參加的手續。也就是在公告日提出申請時，由選舉管理委員會確認申請書有沒有缺漏之處。想當然，參選申請書上一定有性別登記欄位，我很猶豫該寫男性還是女性。煩惱了好幾天，又猜不出審核單位會有什麼反應，決定乾脆去找對方交涉。

三月二十五日，我前往事前審查會場，表明自己雖然是生理男性，但我不想以「男性」身分參選。隨行的夥伴和媒體也都在一旁靜觀情勢發展。選舉管理委員會似乎也料到我會提出疑義，並沒有表現出困擾的態度。他們的答覆是，關於性別問題已經聯絡都內的選舉管理委員會，目前正在詢問總務省的意見，這不是世田谷的小單位能判斷的問題，要等總務省答覆。

我的性別欄位是空的，但選舉管理委員會仍受理了我的申請書。

這一份申請並不符合公職選舉法的規定，我原以為行政單位會要求我以「男性」身分參選。倘若他們真的那樣做，我是打算抗議到底的。不過，行政單位暫時按下結論，令我頗感意外。

自我表明參選以來的這一個月，主要是靠街頭活動表達訴求。三月二十七日以後，是東京都知事選舉和眾議院議員補選的公告期間，公告期間其他政治團體不得從事街頭活動。除了區議員選舉的公告期間以外，我在投票日以前，只剩下四月十四日那一天，可以不受限制地進行街頭活動。

那一天，我們打算連跑五場街頭活動。早上第一場在經堂車站前的活動，結束後，我們準備前往下一個活動會場，我口袋裡的手機突然響了，是山路打來的。一向冷靜的山路難得以亢奮的口吻要我立刻回去。他說關於參選的性別問題，行政單位用傳真回覆了。

我答應他馬上趕回去。電話掛斷後，心裡卻在納悶是怎麼回事？

其他成員先去確認下一個演講場地，我暫時跟他們分開，搭電車趕回競選辦公室。

我們幾個人圍著那一張傳真，上面的內容是這樣的：

候選人遞交的參選申請書，如性別登記與戶籍性別相異，原則上有關單位會勸告候選人按照戶籍更正。候選人若有歧見，則有關單位必須如實受理。

「所以是怎樣？填『女性』對方也會受理囉？」

大夥面面相覷，疑惑的眼神逐漸充滿希望。緊接著，所有人開心大叫。

「公家機關同意了！用女性身分參選也沒問題！」

過去我們一直在黑暗中摸索方向，如今前途光明璀璨，視野豁然開朗。大家都切身感受到趨勢和潮流改變了。

兩、三天後，我們前往選舉管理委員事務局登記性別。等我們抵達事務局，職員已經準備好還沒填入性別的文件。在我要落筆之際，職員對我說：「根據以往慣例，性別登記要按照戶籍填寫，您確定不按照戶籍嗎？」

職員依循總務省的答覆，對我提出勸告。我看著職員的雙眼，明確表達我的意願。我抬頭挺胸地填下「女性」，登記手續一下子辦妥了。以女性身分參選的願望實現了！

我也樂得眉開眼笑。

四月二十日是區議員選舉的公告日，那一天的天氣很晴朗，我也懷著開朗的心情前往選舉管理委員會。當天我換上紅色套裝出征，紅色套裝已經算是我的註冊商標了，很適合當我的選舉「戰袍」。正式提交參選申請後，一週後的投票日就要見真章了。每天的行程都排得很緊湊，我決定帶領夥伴奮力衝刺，絕不留下遺憾。

選舉結果如何沒有人知道，但我相信自己正站在歷史轉捩點上。

讓社會聽見弱勢的聲音！

我搭上宣傳車，正式展開競選活動。宣傳車的車頂上有擺設看板，看板上有我的姓名和照片，以及一句標語：「讓社會聽見弱勢的聲音！」這是若竹女士想出來的，象徵著「礼選部[3]」的基本理念，意味著我們不只替性少數族群發聲，也替所有弱勢族群爭公道——包括身心障礙人士、老年人、兒童、非正職員工等。另外，我的後援會名稱是「與上川礼攜手締造未來」，這個名稱也有特殊涵意，意思是要聚集每一份微小的力量，凝聚成一股改變社會的聲音。宣傳車的看板和選舉傳單，是許多志工熬夜幫忙做出來的。

我跟宣傳小姐用朝氣十足的聲音，向群眾自我介紹和拜票。我們一路掃街拜票，向路上的選民揮手致意，同時注意到一件令人驚訝的事情。上午選舉活動才解禁沒多久，布告欄上也只有零星的候選人海報，但我的海報已經貼在大部分的布告欄上了。

布告欄散佈在八百八十七個地方，張貼海報的志工有一百二十多人。事後我才知道，區議會第二大黨張貼海報的速度一向很快，連他們都很佩服我們張貼海報的速度。有兩個志工在幫我張貼海報候，看到我的宣傳車到來，他們停下手邊的工作，拚命向我揮手，我感動到差點哭出來。

沒錯，我已經不是一個人了。

3「上川礼選舉對策本部」的簡稱。

我的選舉風格

選舉活動也有所謂的「金科玉律」。比方說，宣傳車會先呼喊候選人的名字好幾次，再懇請大家賜票。此外，候選人在選舉期間要盡可能大聲演說，直到精疲力盡為止。據說到選戰後期嗓子沒有沙啞的候選人，得不到選民的好評。

不過，我總覺得宣傳車大喊候選人的姓名，根本是噪音公害，因此大家決定不採用那樣的宣傳方式。再者，我公開自己有「性別認同障礙」，用「女性候選人」的身分參選，目的就是要呼籲大家正視制度的缺陷。我不想用粗糙的嗓音拜票，讓選民聯想到我本來是男性。

來幫助我選舉的夥伴全都是志工，像宣傳小姐是第一次參與選戰，她事先只有準備好一張原稿，就直接跳上宣傳車上陣了。其實拿起麥克風一個多小時，任何人都會變成滔滔不絕的宣傳大師，連原稿都用不到。來當志工的人不是為了酬勞或人情才來的，他們都有自己的理想，以及對選舉的熱忱。我可以從擴音器中，聽出他們的聲音隱含著那樣的魄力。

從冷言冷語到加油打氣

從偏見到鼓勵

當然也有一些難過的事，我現在才敢說出口。一開始進行選舉活動，社區和街上的反應真的非常冷漠。那時我好不容易成立競選辦公室，跑去附近的商店街打招呼，多數人對我成立競選辦公室稍有疑慮，但反應都還算溫和。不過，當他們了解我參選的理由後，態度就有一百八十度的轉變。有些人納悶地看著我，也有人希望我早點離開。還有人對我品頭論足，露出嘲弄的笑容。我還遇過素昧平生的陌生人，跑來問我下體長什麼樣子。其中也不乏衛道人士對我說教，一說就是兩個鐘頭起跳，他們說有問題的不是社會制度，而是我的想法有問題。

我當下選擇忍讓，還低下頭請他們多多關照，心裡卻充滿不甘與悔恨。回到空蕩蕩的競選辦公室，我就再也忍不住淚水——這樣的日子持續了好一段時間。

街頭活動最初反應也不熱絡。每天早上，我得鼓舞自己克服恐懼，然後深呼吸一口氣，對著人群發表演說。每次我說出自己的戶籍性別，群眾就會驚訝地轉頭看我。女性會在一旁圍觀竊竊私語，男性多半只會看我一眼，表現出漠不關心的模樣。我也曾被路人罵得狗血淋頭，有人叫我乖乖回家煮飯，也有人罵我父母教養不當。

即便如此，我每天早晚還是站在人來人往的車站前發表演說。久而久之，好奇觀察我的人還有竊竊私語的人變少了。大部分人直接從我身旁走過，彷彿聽不到我的聲音，看不到我的身影。可是我感覺得出來，大家表面上快步離去，其實耳朵有在聆聽。

事實證明我的直覺是對的，日子一天天過去，願意拿我傳單的人越來越多了。認真閱讀過傳單的人，都會回到車站前跟我聊一聊。我遇過有母親帶著小女兒，拿溫熱的飲料請我喝，也有溫柔的女性拿暖暖包給我用，她們的溫柔讓我一度哽咽。

願意佇足聆聽我演說的人也變多了，有的婦女離開車站驗票口會用力鼓掌，幫我吸引其他通勤旅客的注意力。也有婦女在公車站看書等車，似乎對我的演說不感興趣，但公車開走前，那位婦女隔著窗戶對我豎起大拇指，用唇語叫我加油。我感動得落下淚水，對那位婦女低頭致謝，目送公車離去。

每天早上都有幾位善心人士，在上班前協助我的街頭活動。我到各大車站準備進行街頭活動時，主動來當志工的人也變多了。我由衷感激他們，每一天我都能感受到，自己的熱忱確實打動人心了。

當時我有在網路上寫公開日記，日記中記載了那段往日情景：

> **開始在街頭活動後，我體會到一種不可思議的感覺。**
>
> **當我聚精會神地握住麥克風，看到志工**

我在街頭發表演說，直接表明自己的性別認同。起初冷眼旁觀的群眾也漸漸有了變化。

們熱心地分發傳單，那股眾志成城的氣勢，彷彿化為一股熱力。群眾似乎也受到感召，拿取傳單的人也越來越多。

我想，大家都感受到我們的熱忱了。

——「上川流！一期一會日記」，二〇〇三年三月九日

不久後，我走在街上，也有許多人願意跟我打招呼了。

早上我打開競選辦公室的拉門，有男性停下腳踏車對我說。

「加油喔。」

在車站大廳跟我握手的男性，也體恤我的辛勞。

「我會替妳加油的。」

在商店街的小巷裡，店主也表達對我的支持。

「這麼晚了還在拜票啊？」

「很辛苦吧？我會支持妳的。」

——二〇〇三年四月三日

前進新宿二丁目

據說我們的選舉活動在各方面都是創舉，在選區外舉辦街頭活動就是最好的例子。街頭活動的地點是新宿二丁目，眾所周知，那裡是性少數族群聚集的地方，從ＪＲ新宿車站的東面出口走十幾分鐘，就是我舉辦活動的場所。那個街區的酒吧、俱樂部、咖啡廳、書店、服飾店等等，主要客群都是同性戀。

不消說，住在那一帶的並非世田谷區選民，世田谷區的選民也不見得會去那裡。但世田谷區有兩條鐵路直通新宿，從沿線車站搭車前往新宿，只要二十分鐘左右。因此，世田谷區應該也有不少性少數族群。

我說出自己想去新宿二丁目宣傳的構想，同為性少數族群的成員多半贊成，而且大家躍躍欲試。也有些成員對這樣的做法有疑慮，但我希望能直接傳遞訊息，給那些在社會各處低調生活的性少數族群，新宿二丁目是一個很合適的地方。

性少數族群承受的困難與煩惱，不該被當成個人的問題忽略，這是我參選的初衷。

更進一步說，任何弱勢群體的問題，都是整個社會應該共同面對的問題。我想喚醒大家對這些議題的重視，讓人們知道政治是有效的改革手段，我們可以靠自己的雙手改變未來。

在世田谷區宣傳的過程中，我也遇過一些性少數族群的選民。他們向我坦白自己的性別認同與常人不同，可是大多數人只敢默默支持我，他們沒辦法向親朋好友坦承自己的性別認同。我身旁有些跨性別好友也說他們不敢去投票，理由是投票所會驗證身分，肯定會惹出麻煩。

三月八日傍晚，我來到新宿二丁目的中心，站上鬧區的十字路口。

「大家好，我是跨性別者上川礼，我也是性少數族群。」

天色還沒有完全暗下來，一看就是同志的路人並不多。這也難怪，畢竟新宿二丁目要到深夜才會熱鬧起來。然而，還是有不少人願意停下來聽我演說。

「這人在幹什麼？」

「選舉活動嗎？」

「咦？她原本是男的？」

路人的反應不如我想像中熱絡，卻沒有帶給我孤獨和排外感。那些同志對跨性別者或許沒有那麼感同身受，但至少沒有否定我。

包容多元性別，放膽做自己——這個地方的人不受教條束縛，都有類似的價值觀，這就是新宿二丁目。我們在街上不會顯得格格不入，在附近發傳單的義工也感受到這種自由的氣息，大家都表現得很放鬆。還有「男大姐」跑來握住我的手，他本人住在中野區，直說要是我去選中野區的議員該有多好。

同樣在日本，而且同樣在東京，想不到不同街道的「氣息」如此不同。

我們在新宿二丁目總共舉行了三次宣傳活動，第二次和第三次的反應很熱絡，來拿傳單的人也變多了，路過的人也會替我加油打氣。

投票日到來

四月二十七日投票日當天，早上的天氣很晴朗。

前一天，我到午夜十二點還在車站前，對回家的旅客致上最後的問候。

「這陣子叨擾各位了，真的很感謝大家的包容。」

一到投票所，電視臺和報社的攝影機一字排開，他們都是來拍攝我投票的畫面。世田谷區選舉管理委員會成員忙著疏導在場的媒體。看他們忙到汗流浹背，我也很過意不去。

我在櫃檯領好選票，到登記區寫下我要投的候選人。在選票上寫下自己的名字，讓我有一種奇妙的感慨。我拿著選票前往銀色的票匭，所有攝影機都把鏡頭對準我。

我站在票匭前，媒體朋友要求我看一下鏡頭。我對鏡頭露出笑容，閃光燈此起彼落，拍得我眼睛都花了。終於到了要投票的時刻，我緊盯著自己的一票滑入票匭的景象，心想，我總算有了一票。

每個選民只能投給一位候選人，不曉得有多少人願意投給我。即便如此，大家還是會來到投票所，從七十二位候選人之中挑選一位支持者。我思考著每一票所代表的意義。

開票時間是晚上九點，競選辦公室內擠滿了我的支持者和媒體。我們拜託各家媒體留下一位採訪記者和攝影師就好，但室內空間無法容下每一架攝影機，記者朋友的情緒也相當緊繃，甚至爆發了一點小口角。辦公室裡人滿為患，連要吸一口新鮮空氣都有困難。再來就是等待結果了，除此之外我什麼也做不到。

我們請幾名成員拿著望遠鏡，到開票所回報開票過程。每一位候選人在開票臺上都有自己的計票區域，選民的票會疊在各個區域上。各陣營的成員負責回報選票數量，每個候選人的支持者，心情也隨著回報結果起起伏伏。

還沒有接觸政治以前，我不明白大家為何那麼緊張，反正早晚會知道結果不是嗎？等到自己參選後，才深刻體認到那種迫切想要得知結果的心情。開票所的成員說，我的記票區疊了一大堆選票，看起來比其他候選人的票還多。我並沒有政黨配票，每一張選票都是每個選民獨立自主的意志，一想到這裡就有很深的感觸。

「上川小姐確定當選！」

到了深夜時分，不少支持者怕趕不上最後一班電車，先行離去了。至於那些架著攝影機等候的媒體，不管我當選或落選，他們都想拍到「關鍵性的一幕」，現在他們也等得不耐煩了。我個人也非常不安，按規定有關單位會打電話到我們的辦公室通知結果。

半夜一點左右，辦公室響起了手機鈴聲。

接起電話的人大聲交談了一會，吸引了眾人的目光。之後，那個人用手摀住手機，驚訝地說，我當選了。

「真的假的——！」

這句話瞬間打破寂靜的氣息，大夥驚呼我真的當選了。

緊接著，記者們的手機也接到同樣的訊息，室內不斷亮起閃光燈。有人高呼萬歲，也有人放拉炮，還有人喜極而泣……辦公室就跟被捅破的蜂窩一樣亂成一團。

我收到了香豌豆的花束，香豌豆的花語是「展翅高飛」。我笑著接受支持者的祝福，跟大家握手致意，同時也有一種快被重責大任壓得喘不過氣的感覺。不久前，我還在想萬一落選了，我肯定會一蹶不振；如今四年的重擔臨身，光想我就快暈倒了。

最終我獲得了五千零二十四票，在七十二位候選人中位居第六。這一次選戰激烈，落選的二十人之中，就有九位是現任議員。

隔天，我早上七點就站在豪德寺車站前，對著來往的通勤族致謝。當然，不見得每一位路人都是我的支持者，但我得了五千多票的高票，其中一定也有投票給我的人，對他們表達謝意是我該做的事。

「這陣子叨擾各位了，今後也請多多指教。」我沒有報告自己當選，也沒有直接跟群眾謝票，以免違反公職選舉法的規定。

路人看到我低頭致謝，也紛紛跑來跟我打招呼。大家圍過來恭喜我當選，期待我在政壇上活躍，還說他們會繼續支持我。聽到這些充滿溫情的關懷，我又忍不住落下感動的淚水。那天早上，有不少路人對我說，其實這個社會還是處處有溫暖。有個年紀跟我母親差不多的婦女，說了一句令我永生難忘的話。

「起初我還很擔心，不曉得世人會如何看待妳。不過，事實證明大家還是滿有眼光的。看到這個社會沒有摒棄妳，我真的好高興。」

每當我回想這一次選舉，就有一個很深刻的感觸。「上川礼」除了代表我個人，也是每一個支持者的熱情凝聚出來的象徵。最後統計下來，參加過我選舉活動的朋友，少說就超過了兩百人。

於是乎，我就這麼當上議員了。

我要集合弱勢的聲音，改變這個社會，這就是我成為政治家的動機。讓政治人物聽到弱勢的聲音，是我未來該負的責任。

第二章

我到底是誰？——探究性別

我的好朋友是女孩

誕生

一九六八年一月二十五日，我在東京的淺草出生。助產師對母親說，生下來的是個男生，狀況有點危險。我出生時才四十五公分，體重兩千兩百公克，是個早產兒。本來預產日是三月三日，我早了一個半月爬出娘胎。

我有個大我一歲半的哥哥和小我一歲半的弟弟，在三兄弟中排行老二。父親用租來的店面經營一家小小的保險代理店，母親偶爾會做手工貼補家用，基本上是家庭主婦。

哥哥是外公外婆的長孫，加上親戚都住在我們家附近，哥哥從小就倍受疼愛，個性也有一點放浪不羈。哥哥很喜歡電車，每天都要父親抱著他去看電車。他的手也很靈巧，擅長做各類模型，做完了就弄壞，然後再買新的來做。當時住家附近有很多小池子，哥哥會去釣小龍蝦，釣到了就用龍蝦肉當餌，繼續釣更多小龍蝦。我從小就很佩服哥哥，他有一種我絕對學不來的韌性。

我跟弟弟感情一向很好，就像同年紀的好朋友。我們會把自己的棉被疊起來，一起躺在又厚又軟的棉被上睡覺。弟弟生來聰明活潑，升上小學後沒怎麼用功念書，成績卻始終名列前茅。不管是小學時代參加棒球隊，還是國中時代參加排球隊，弟弟永遠是球隊裡的主力選手。總之，他做每件事都有不錯的成果，是很引人注目的孩子。

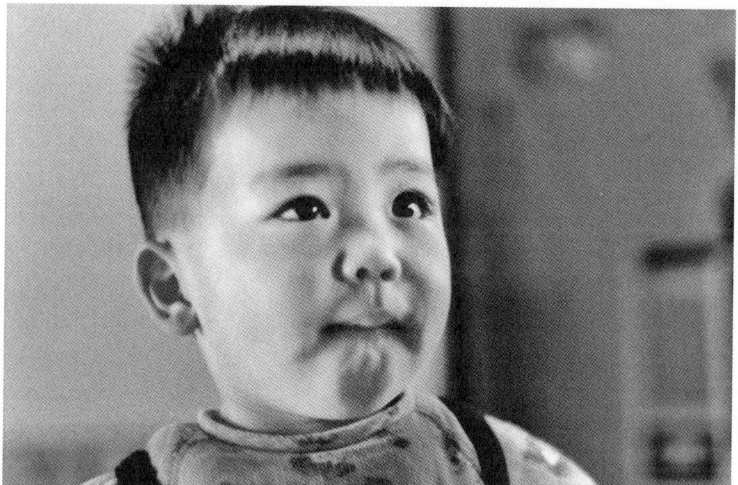

一歲半的我。這年紀的孩子，還不曉得怎麼認識自己的性別。

我喜歡洋娃娃

跟淘氣的哥哥還有聰明的弟弟相比，我顯得不太一樣。我習慣用可愛的暱稱稱呼自己，而不是男生常用的「僕」、「俺」自稱。我也不知道為什麼，反正就是不想用男生的方式。

幼稚園時代，我的好朋友也都是女生。跟我最要好的是一個鄰家小女孩，幼稚園老師還在我的育兒日誌中，寫下這麼一段感想：「小礼每天第一件事，就是跑來找我聊天。他總是跟那個要好的小女孩在一起，不曉得他們長大會不會結婚？」

在旁人眼裡，我和那個小女孩的性別不同，兩小無猜的我們常被大人當成小情侶。每次別人把我當男生，我就有種不愉快的感覺，總覺得別人在說謊。然而，一到浴室裡洗澡，看見我的身體構造跟哥哥弟弟一模一樣，雖然無法接受別人的說法，卻也不得不承認自己是男生。我很好奇別人是不是也有同樣的疑慮，但我不敢說出口，害怕只有自己跟別人不同。

隨著年紀漸長，我和哥哥弟弟的差異也越來越明顯。他們喜歡看英雄戰隊的節目，滿心期盼鋤強扶弱的英雄登場。我以前比較沒什麼主見，也會陪他們一起看英雄戰隊，但我幾乎不覺得有趣。

我喜歡的都是一些不常出現的女性角色。好比《鹹蛋超人》的超人媽媽，《祕密戰隊五連者》的粉紅隊員，《北海小英雄》主角的兒時玩伴奇奇。

哥哥弟弟喜歡的跑車、溜溜球、魔術方塊也跟我無緣，他們央求父親去看《宇宙戰艦大和號》和《星際大戰》的電影，我也沒興趣，自願陪母親留在家裡。對我來說，暑假去表姐家看《小甜甜》比較有趣。

我從小就是這種個性，跟兄弟比起來我顯得不大可靠。大人都說我太文靜、不夠活潑，我對自己也就沒什麼自信。

某次過年，哥哥弟弟煩惱該用壓歲錢買遙控車還是鐵道模型，我卻對附近玩具店的洋娃娃感興趣。不過，一想到大人會有的反應，我不敢說自己想要，最後也沒買成。

我念小學的那個年代，男生未來的夢想都是成為棒球選手。班上不少男生都會戴職棒球隊的帽子上學，一碰面就聊棒球話題。每當同學問我喜歡哪一隊，我永遠回答巨人隊。我是土生土長的東京人，回答巨人才不會得罪人。事實上我對棒球沒興趣，說討厭還比較貼切。父親會帶我們兄弟三人去玩棒球，但我玩得很痛苦。學校舉辦棒球比賽的日子我甚至還會發燒，我就是這麼討厭棒球。

難以接受的第二性徵

無法接受自己的身體

我的第二性徵以意想不到的方式降臨了。中學一年級的某一天，我發現自己的胸部有種奇怪的感覺。用手去摸還摸得到硬塊，乳頭摩擦到衣服也會痛。我把症狀告訴母親，母親帶我去找家庭醫師，我們從小就是找那位醫師看病的。根據醫師的說法，我的身體開始出現第二性徵，有些青春期的男生在大量分泌男性賀爾蒙前，女性賀爾蒙會變多，等男性賀爾蒙分泌出來，症狀自然就會消失了。

聽到自己身上有女性賀爾蒙的消息，我滿開心的，好期待自己的胸部跟班上女同學一樣變大。醫生說我接下來會分泌男性賀爾蒙，但我有一種毫無由來的信心，認為自己不會分泌男性賀爾蒙。無奈，我的生理構造背叛了這份淡淡的期待。

幾週後，我的額頭冒出青春痘，臉上也出現油光。過去人人欣羨的水嫩肌膚接二連三地冒出青春痘，我害怕皮膚變醜，就拜託母親幫我買抗痘用的香皂、沐浴乳、軟膏。除了肌膚的變化，我的眉毛越來越濃，臉型也逐漸改變。當我察覺自己身上的變化跟其他男生一樣時，內心充滿了厭惡與焦躁。

我也很討厭低沉的嗓音，還會偷偷在家練習唱歌，試著用過去的音調唱出變聲前喜歡的歌曲。喉結隆起我也無法忍受，我會在鏡子前「研究」如何掩飾喉結，以免被其他人看出來。經過一番嘗試，我發現低著頭最不容易看出喉結。因此我開始習慣性低頭，偶爾還會故意用手撐住臉頰，擋住自己的喉結。

想當然，我臉上的鬍子也變明顯了。我甚至不想讓家人看出我長鬍子，每天早上會偷偷拿父親的電動刮鬍刀，到房間裡刮掉還沒變長的鬍子。我也不太敢接近別人，怕他們注意到我的肌膚和鬍子的變化，跟別人面對面交談對我是一大折磨。

我的身體長出肌肉，手毛和腳毛變濃，還看得出肌肉和韌帶的紋理。我不願意在人前伸出雙手，更討厭手上浮現的青筋，就連把手放在書桌上也辦不到。

我的理智明白這是怎麼一回事。我的身體構造是男性，這些都是男生健康的生理變化，一點也不奇怪。但理解歸理解，我的心情充滿厭惡。我不懂為什麼我不能接受自己的身體？看著鏡子裡的自己，覺得就像在看別人的身體。可是，那確實是我的身體，這個事實也令我悲從中來。

上體育課更是痛苦萬分，首先換運動服就是一大痛苦。我討厭換上曝露的體育服，連夏天都會穿運動外套。只穿一件泳褲上游泳課，根本形同拷問。最慘的是相撲活動，男生得在操場的沙地上打赤膊，下半身再纏一件丁字褲，模樣難看就算了，瘦弱的我又很容易被摔出去。當我丟臉地倒在沙地上時，就會看到女同學在優雅地練習新體操。為什麼我是男生而不是女生呢？一想到這裡，我就難過得想哭。

那時，很多同學也出現了第二性徵，大家對自己的變化也多少有些疑惑，但他們都接受了自己的變化，似乎沒有我這種強烈的不適應感。我是個無法接受自己身體的怪人，我到底算什麼？我找不到人商量這些問題，疏離和孤獨感也越來越強烈。

情竇初開令我害怕

除了第二性徵，更讓我困惑的是戀愛。我在中學一年級遇上了自己的初戀，對方是同班的男同學。他是一個身材高大、體格成熟的英俊男孩，有一雙細長的眼眸和白皙的皮膚。每次體育課的換裝時間，我看到他換衣服就會害羞。平時下課，我的視線也會不由自主地追逐他的身影。跟他四目相對時，胸口就有種酸楚的感覺。

為什麼我會有這樣的感情？回家後我把自己關在陰暗的房間，躲進被窩思考這個問題。當我發現這是戀愛的感覺，我對自己的感情很訝異。男生怎麼會喜歡上男生呢？我越想就越膽寒。

接下來，我腦海中浮現「同性戀」這個字眼。我念小學時，只要男同學抱在一起互相嬉鬧，其他同學就會笑他們同性戀。同性戀這個字眼，通常跟「變態」或「噁心」等形容詞脫不了關係，總之都是蔑稱。當時我家附近有一間賣牛奶的店叫「ＨＯＭＯ牛奶」，看到牆上的ＨＯＭＯ字樣，我的心情就很沉重。我害怕自己是「同性戀」，對於自己可能是社會異端感到恐懼。我也是在有偏見的環境下長大，小時候我認為同性戀並不正常。因此，當我發現自己的初戀對象是男性，我甚至沒辦法接受自己的感情。

難不成我是「同性戀」？我努力不去思考這個問題，心中卻有一種清醒的自覺，我的感情大概永遠也不會改變。

中學生都對戀愛話題很感興趣，朋友也會問我喜歡什麼樣的女生。不過，我死也不敢說自己喜歡男生。在他們眼裡我就是個男的，男生應該要喜歡女生。到頭來，我不得不說謊欺騙他們，我喜歡同性是不能告訴任何人的祕密。況且，萬一被自己喜歡的人嫌棄，那未免太可悲了，所以我一直告誡自己，這份感情不可以被其他人知道。

我從來沒對喜歡的人告白過，經歷初戀後，我始終認為自己不值得被愛。就算我們兩情相悅，對方也絕對得不到幸福。我心儀的對象需要的是女性，我卻擁有男性的身體。他的需求和我本身無法相容，跟我在一起，他得不到旁人的祝福——我不希望害自己心愛的人惹上麻煩。

佯裝「正常」，卻更加孤獨

我是個騙子

青春期讓我了解到自己的本質和性別認同，我變得很討厭自己。我不能接受自己的身體，而且喜歡的還是同性。我也不敢對任何人說出自己的想法，只好用謊言來保護自己。撒過一次謊，就得不斷撒同樣的謊才不會穿幫。我不是一個普通的男性，謊話得說得滴水不漏才行，因此我有預先思考過，該如何回答性別認同的相關問題。我在親朋好友面前佯裝成喜歡女生的正常人。我的朋友不少，內心的孤獨感卻與日俱增。

我一直覺得自己是愛說謊的偽君子，這世上也沒有人真正了解我。一想到自己可能一輩子都要活在謊言之中，真有種無處訴淒涼的悲哀。說出自己的煩惱別人也無法理解，這才是最痛苦的事。

我開始說一些很負面的話，例如我會問母親，活著到底幸不幸福？人為什麼要活著？若沒有人在乎我們，何不乾脆死一死算了？即便如此，我仍不敢說出自己真正的煩惱，母親只覺得我是個很奇怪的孩子。

父母、兄弟、學校的朋友都是我珍視的對象。我希望他們了解真正的我，但正因為他們是我重要的人，我更說不出口。萬一被自己最重視的人否定，我會失去容身之處，這才是我最害怕的。

我完全不了解自己，明明心裡痛苦得要死，能蒐集到的訊息卻極其有限。生為男性卻喜歡男性，我是同性戀嗎？我搜尋字典裡同性戀的定義，只見「異常性欲、性觀念不正常」幾行字。放到現在來看，這種定義錯得離譜，但我大受打擊。找來找去都找不到正面訊息，看得越多心情就越絕望。我到底是誰？學校教育和社會生活沒有給我任何提示來解決這個問題。

相對輕鬆的男校時光

過去那個年代，校園內瀰漫著暴力與霸凌。我就讀的中學厲行嚴格的管理教育，因此我很討厭學校，老師給我打的操行成績也不怎麼高。好在我的考試成績不錯，於是我決定報考私立高中，私立高中只看重入學考試，並不重視操行成績。當年考試競爭的壓力很大，我在旁人推薦下，報考升學壓力較輕的大學附屬高中。我從所有合格的學校中，挑選了私立的男校就讀。讀男校讓我有些不安，但好不容易考完試了，還是十分高興。

我每天要花一個多小時橫越市中心去上學。那所高中每學年有十六個班，全校共有兩千四百多人，男校當然沒有女生。回想中學時代，我厭惡自己的第二性徵，也體驗過痛苦無比的初戀，置身在那種男女有別的教育中，我太過在意性別問題，也背負了自己本來不該背負的「男性意識」。

這所高中標榜「自由與進步」，實際上校風也十分自由。就讀男校也讓我不用整天在意「男女有別」的事實。剛入學時，一切都很新鮮有趣。

我很可愛？

高一暑假結束後，我的校園生活發生了意外的轉變。

假期一結束，同學聊的都是暑假去哪裡玩或去哪裡打工之類的話題。同學問我去哪裡打工，我就說那是祕密。其中一個同學開我玩笑，問我是不是去人妖酒吧打工，我也半開玩笑地回答那是祕密。

我一個高一學生，根本不可能深夜去酒吧打工。沒想到，我在人妖酒吧打工的傳聞不脛而走，其他年級的學生聽到傳聞，下課時間跑來看我；也有學生在校內餐廳一看到我，就跟他們的朋友提起那個傳聞。

我跟中學時一樣，假裝自己是一個性別表現符合正常的男生，但我陰柔的形象和傳聞竟以意想不到的方式傳開了。大家都說我看起來很可愛，或許是我努力消除陽剛特徵的關係吧，確實有不少學生給予我的外表正面評價。

每當有人問我是不是喜歡男生？有沒有去人妖酒吧打工？我都會否認這樣的說法，可是大家對我的印象已經定型了。我再怎麼否認，也難以改變根深蒂固的形象。

後來我在上學的路上、學校的餐廳和走廊，同學都會用女性化的綽號叫我。我的朋友一夕爆增，來找我聊天的人非常多，多到我都記不得他們的名字。我在眾人眼裡是個特別的學生，大概全校都知道我的綽號，也認得我的長相吧。

幸好「特別」這件事沒有害我遭受排擠。儘管我柔弱又有些女性化，但大家幾乎公認我就是這樣的人，在那種氣氛中求學其實感覺還不壞。一句無心的玩笑化為了現實，我再也不用佯裝剛強，男校反倒讓我卸下了男性的面具。

在沒有女學生的和尚學校裡，我經常成為其他同學的愛慕對象。有人在校門口等我，要求我跟他交往。我在學校餐廳吃東西，對面的男生看到我就會臉紅，還有隔壁班同學代替他緊張的朋友跟我告白。就連平常走在校內都會有人叫住我，說我不是男生，而是可愛的女生，說完就一溜煙跑到樓上去了，留下目瞪口呆的我。

經常有人問我是不是喜歡男生，我卻不敢承認自己的性傾向，婉轉否認是我慣用的回答。我認為喜歡男生這件事，無論如何都不能說出來。我終究得裝成一個普通人，一個外表比較中性，大家喜歡開我玩笑的普通人。我想替自己留一條退路，我還是害怕表現出真正的自己。

然而，高中生活還是比中學自由。我不用過度假裝陽剛，周圍也有許多好朋友，校園生活過得也算愉快。

第一次交往

高三時我第一次交了男朋友，那個男生跟我同屆，為人幽默開朗，有點類似班上的開心果。

我們是在高二那一年認識的，他在上學途中突然冒出來，往我臉上舔了一口！一開始我聽到後方有人叫我，一回頭就有個不認識的學生衝過來。我停下腳步，他就衝過來偷舔我的臉頰，舔完就跑走了。當下我笑了出來，也沒有不開心的感受。我們第一次相遇就是這麼具衝擊性，令人難以忘懷。那一天過後，我們交談的機會也變多了。

他的性格開朗活潑，我總是被他拖著團團轉。再加上我們兩家住得很近，後來就一起上下學了。幾次放學後去他家，我們會在他的房間裡接吻。我心想，原來嘴唇這麼柔軟啊。他說他好像真的愛上我了，他的眼神很認真，看得出來他確實墜入情網了。他常跑來找我聊天，試著打開我的心房，用他溫暖明快的特質逗我開心。

初戀已是五年前的事了，我的心也漸漸被他吸引，可惜我依然無法接受自己的感情。不過，實際接觸到他的熱情，我稍微願意面對自己的心意了。從交往的那一天起，他就不斷對我示愛，態度真誠又懇切，因此我也終於敢表明心跡了。他一聽到我示愛就笑顏逐開，那表情我到現在都忘不了。

在學校裡，我只能假裝自己是他的好朋友。我們時時刻刻都在一起，其他人也看得出來他很喜歡我，但沒有人責備我們的關係。他一向把我當女生照顧，我身上明明穿著男生制服，他卻能看到我內心的「女孩」。這樣的關係讓我感到非常契合，第一次交往充滿了驚奇的體驗，沒想到我追求的東西，跟他追求的東西完全吻合。

不過，他第一次碰觸我身體的那一晚，我哭了。我好想當一個女生，我擁有男性的身體是不爭的事實，身心之間的糾葛異常激烈。

這到底算不算同性戀呢？我們的內心其實也很糾結，只是沒有說出來而已。跟他交往的隔年（一九八七年）一月，新聞報導日本國內出現第一例愛滋感染者，整個社會陷入了「愛滋恐慌」之中。新聞反覆報導愛滋病患多為同性戀，看著電視新聞的畫面，我們之間被沉重的氣息籠罩。

明知這是一場不會有結果的戀情，我們還是無法克制地愛上對方。

我明白總有一天會結束，但我好怕離別的那一天到來。

向母親告白

畢業前的春天，我和他分手了，理由是他有了喜歡的女生。

我不想跟他分手，我的理性卻很清楚我們應該分手。為了他的幸福著想，我應該放手讓他去跟女生交往。跟女生交往，他就可以坦蕩蕩地喜歡對方，將來也能共結連理、成家立業，不怕得不到眾人的祝福。

經過理性討論後，我們分手了。我第一次允許自己愛上別人，如今這場戀情也告一段落。他的確把我當成女生照顧，但我徹底領悟到自己終究是個男的，比不上真正的女生。我覺得自己好可悲，我知道會有這樣的下場，卻還是忍不住落淚。

為什麼我只喜歡男人？

為什麼我痛恨自己的身體？

為什麼被當成男人，我會如此痛苦？

我再也承受不了這些重擔，決定跟母親說出我的心裡話。坦白這一切實在太痛苦了，我嘶啞地告訴母親，我喜歡的對象都是男性，原因我自己也不曉得。聽到我突如其來的告白，母親露出了一種自我詰問的表情，她淡淡地說，其實她對我的性別認同並不意外。母親這句話反倒讓我很訝異。

從小我就跟哥哥弟弟不一樣，聽了我的告白後，她心中那些隱約的疑問，在那一刻得到了解答。母親跟我說，世上也有人跟我一樣，只要別給其他人添麻煩，性別認同和一般人不一樣也不見得是壞事。母親的話語充滿包容力，對我是莫大的救贖。

後來，母親提起我小時候的往事。據說在我念幼稚園時，就說過自己想當一個女生了。母親好奇地問我為什麼，我回答她，當女生就可以生小寶寶了。現在回想起來，那句話點出了我內心的本質。

跟母親坦白後，我也跟同齡的好友坦白。他的身體天生缺乏黑色素，皮膚和沒有染過的頭髮都是純白色的，瞳孔也是帶點青藍的灰色。從小到大，他每隔幾週就要染髮，隱藏自己天生的髮色，這是一種融入社會、確保自身安全的措施。另外，他雙眼的弱視也無法矯正，小學和中學念普通學校，到了高中就不得不念盲人學校了。我們相識後就成了彼此最要好的朋友，在普通人眼中，我們有許多異於常人的地方，一開始就非常投緣。這個社會是用什麼樣的眼光來看待異己，我們也知之甚詳。

有一天我告訴他，我有重要的事情要說，但我遲遲無法說出自己的煩惱。經歷了漫長的沉默後，我哭著說出自己跟同班男生交往，最後分手的事實，我沒辦法喜歡女生，更不能忍受自己的身體。這些煩惱我一直都深埋在心裡，從來沒有告訴過其他人。

我討厭對大家說謊的自己，他安慰我，那不是什麼罪大惡極的謊言。在之後漫長的人生中，那句話也帶給我不少慰藉。

年過三十後，我開始以女性的身分生活，有一次他對我說了一段往事。我第一次找他商量自己的性別認同問題時，他曾經問我，我的心理是不是女性？我說應該是那樣沒錯。想不到我從那個時候就談起「心理性別」了。一直到我二十七歲那一年，得知有人跟我有同樣的煩惱，我才發現原來性別和性傾向是能分開思考的。老實說我滿訝異的，怎麼自己繞了這麼一大圈才找到答案呢？

學校教育和社會生活都沒有提供任何啟示，幫助我深入了解自己的性別認同。我再次深刻體認到，要「發掘」真正的自己有多困難。我花了超過十年的時間，探索自己到底是誰。

忙於工作的男性上班族

在小型公益團體就職

高中畢業後，我就讀法政大學的經營學部。回首大學四年，參加專題研討課程是我唯一快樂的時光。三年級選修交通經濟學的專題課，對我來說是正確的決定，我跟那裡的前後輩都很談得來，那門課也很有趣。不過，四年大學生活中，我從來沒有跟任何人坦承自己的性別認同。過去就讀男校，大家願意包容我的特殊性，但在出社會工作前，我認為不能再依賴別人的包容了。

大學畢業後，我當了五年又三個月的上班族。我的職場是東京都內某家公益團體，主要負責能源資訊調查和公關業務。

當年正值泡沫經濟期，我的同學都到知名大企業就職，畢竟良禽要擇木而棲。而我在大學課程了解到，那些盛極一時的產業會逐漸凋零，因此才選擇不起眼的公益團體就職，我不想跟著大家隨波逐流。

其他同學很早就搶到職缺，每天都在享受學生生活最後的暑假，我一個人尋找就職的相關訊息，一直到暑假快結束才找到那份工作。那一家公益團體只在東京設立據點，幾乎是沒辦法調職的，好處是不會受景氣影響，也沒有業績壓力。以男性的身分參與社會活動，我真的是千百個不願意，但我對那份工作還是充滿期待——若能找到工作的意義，發現一些值得投入的樂趣，也許我會活得比較開心吧。無奈，這種天真的幻想很快就破滅了。

小公司根本沒有培育人才的制度，幾個年輕前輩一看就是滿臉倦容。他們沒有多餘心力照顧菜鳥，很長一段時間都沒有人帶我熟悉工作。然而，工作接二連三落到我頭上，我不懂能源的相關知識，也沒有公關媒體的技能，連英文都不會幾句，沒想到我竟然要製作英文媒體。這種人事安排簡直魯莽，老實說我完全不曉得該從何做起，只能被迫在孤獨中自行摸索，好不容易才抓住一點訣竅，把自己的業務處理好。

男人世界的交際應酬

剛進公司沒多久，某天吃午飯時，某位前輩突然問我是不是處男。如果我回答自己有性經驗，對方一定會無聊當有趣，繼續追問我初體驗的對象和年齡。於是我跟那位前輩說，我不想回答這個問題。前輩無法接受我的回答，大概覺得我很不識相吧，他還問我為什麼不肯回答。後來在一次酒會上，他又慫恿其他人打探我的性經驗，把現場的氣氛鬧得很僵，大家卻都保持沉默，沒有人願意替我講話。於是我只好回答，哪有人成年了還沒有性經驗？不料幾天後，他又在酒會上談起我的性經驗。這次我直接提出抗議，勉強別人說出

還是男性上班族時代的我。

不願意談的事情，還拿來當茶餘飯後的話題未免太過分了。那位前輩也惱羞成怒，不肯承認自己有錯。

也因為這件事，我跟那位前輩產生了代溝，有一段時間還被男性職員排擠。而那位前輩也很看不起我的工作能力，因此我決定拿出成績證明自己。只要上司或其他前輩跑來找我商量公事，我都會把他們的工作承接下來。我比別人付出更多心力，最終也獲得了大家的認可，上司也開始交辦我新的業務。

我拚命完成自己的業務，時間一久，上司也常指定我去幫忙那位前輩，很多工作也是我負責處理。我學會了迎合旁人的技巧，人際關係也日漸圓滿。同時我也學到了一件事，跟其他男同事交際應酬，是維持人際關係的必要手段。

跟那位前輩相處久了，我們的交流也比以前更密切。有時候他會假借出公差的名義，大白天就帶我去看脫衣舞表演。脫衣舞表演比我想像得還要漂亮，但底下男性觀眾好色的模樣實在很滑稽，老實說我真的對男性感到幻滅。

晚上帶客戶去酒店應酬，每次小姐貼到我身上，我都要裝出開心的表情。那個年代的男人都認為，喜好女色才是英雄好漢，我根本不敢說自己對女人沒興趣，說了也只會被嘲弄，被當成一個沒用的男人。萬一性傾向曝光，我擔心在職場上會被排擠，所以在必要時我會假裝自己喜歡女人。

我每天都工作到差點趕不上末班車，辦公室的門幾乎都是我在鎖的。深夜回到家也會繼續工作，假日也經常到公司上班。偶爾跟朋友出去玩，滿腦子想的也都是工作。現在回頭看，當時的我完全是個工作狂，家裡純粹是睡覺的地方。我很少跟家人碰面，家人看到我甚至還會說好久不見。

健康亮紅燈

總之我處理過各式各樣的工作，好比製作導覽手冊、製作報章廣告、調查輿情、召開研討會和參觀學習會等，還得出席國際會議，跟知名的專家學者交流，只有在小公司的年輕人才有機會處理這些工作，做起來也確實很有成就感。

可是，我卻開始有身體不適的困擾。五年多的上班族生涯，我跑遍了各大醫科，包括皮膚科、心血管科、消化內科……我瞞著同事，持續跟不同的醫生求醫。

起初的症狀是盜汗，每隔半小時就得換一雙新襪子，不然汗水濕濕黏黏的很噁心。我都偷偷跑去廁所換襪子，再用肥皂清洗手上的汗水，以免手汗沾濕文件。後來，我一大早整理服裝儀容時，發現自己的頭髮少了一塊……是圓形禿的症狀。每天早上我都要花很多心力隱藏自己的圓形禿。

我還有十二指腸潰瘍，那種痛苦真的是連站都站不穩，但我在人前從沒表現出來，四下無人時才會趴在桌上。

我本來是不能吃辣的，自從有了味覺障礙後卻很想吃辣。但實際吃了辣味的食物，舌頭品嘗不出味道，那是很不可思議的感覺。

搭乘客滿的末班電車時，我發覺自己的心跳鼓動有異常，檢查結果是心律不整，醫生也查不出原因。

身上冒出來的疹子一直沒有好，我去皮膚科，醫生懷疑可能是塵蟎過敏、疥癬、蕁麻疹，到頭來也查不出病因。醫生開各種藥物給我，沒有一種有效，最後醫生無藥可開，也宣告放棄了。

現在想想，我的身體不適應該是壓力造成的。然而，我沒想過要去精神科或身心科，當時我不願探究自己的內心，我害怕一旦探究了，就得面對我不願面對的現實。

同事都說我精明幹練、能力過人，我在這種虛無的評價中追求自己的存在意義，利用工作來逃避性別認同的煩惱。

最後一次戀愛

出社會的第四個年頭，公司突然把我調到新的單位。我被迫放棄熟悉的工作，接到命令過沒幾天就要去新單位報到了。原來我再努力也不過是「組織的小齒輪」，這一點真的讓我大受打擊。

站上新的工作崗位，我竟然失誤連連。上司和前輩的指示我一向認真聆聽，卻總是有聽沒有懂。我做事缺乏集中力，疲勞感也揮之不去，就像彈性疲乏的橡皮筋一樣，我整整花了半年才恢復。

好不容易恢復後，我認識了某位男性。他是在當地工作的社會新鮮人，靦腆的笑容給人很深刻的印象。我在經常光顧的店裡碰過他幾次，彼此交談過後，很快就變成一起喝酒的好友。他也常等我加完班，跟我一起度過下班的時光。他第一次領到薪水時，還請我去吃鰻魚飯。我還記得他得意地說，要請我去吃大餐。他的體格高大，說話卻有一種天真浪漫的氣息，那是年輕人特有的可愛性情。

那時我出社會第五年，已經二十六歲了。真正的我並不具備男性特質，但我每天都假裝自己是正常的男性，頂多就是外貌和言行舉止比較陰柔，並沒有超出社會規範。身為一個生理男性，我還是希望自己當一個秀氣的人。也多虧我平常努力保養，身上多少殘留著中性的少年氣息。不過二十六歲後，一切都變了樣，我的髮線開始往後退，長成了M字形，鬍鬚也變得很濃密，纖細的體毛也逐漸變粗——簡單說，中年大叔的外貌特徵，在我身上慢慢浮現。

我沒辦法忍受自己的變化，每次確認自己的身體變化，就會陷入絕望的心情。然而他注視我的時候，那動人的目光確實隱藏著「愛意」。說不定這是我最後的戀情了，當我意識到這一點，就覺得自己很可悲。高三失戀以來，我徹底封閉自己的情感，如今才稍微解放一下，就再也停不下來了。

可是，到了夏去秋來的季節，這一段戀情也宣告結束。我們互相欣賞，卻無法跨越現實的高牆，連確認彼此的心意都做不到。

半年後，他跟新交往的女朋友有了小孩，兩人也結婚了。而我，只能以「男性友人」的身分祝福他們。

我沒辦法替他生小孩——現實令我失落無比，我不想再嘗到這種傷心滋味了。到頭來，我還是得回過頭來問自己——我到底算什麼？

再也無法欺騙自己

我一個人待在房裡時，會莫名其妙地掉眼淚，連我自己也不曉得為何哭泣。我甚至抱著一種事不關己的心態在看待自己的痛苦。

青春期以後，我對自己的身體越來越不適應，而且我只喜歡男性。我很清楚自己的性別認同異於常人，卻不敢面對現實。我害怕認識真正的自己，但也心知肚明再這樣下去，絕對得不到幸福，因此我終於決定，窺探自己的內心。

我有男性的身體，戀愛的對象卻同樣是男性。我是「同性戀」嗎？這個疑問一直潛藏在我心裡。

我的第一步是前往新宿二丁目，我隱約知道那裡有「同志酒吧」和「人妖酒吧」。當年我沒有實際遇過同性戀，所以對「同性戀」仍抱有偏見和戒心。於是，我趁白天時造訪了新宿二丁目。

早上的新宿二丁目人潮不多，我鼓起勇氣向男性路人搭訕，想跟他們交個朋友，可惜反應不怎麼好，多數人一副戒慎恐懼的模樣，快步離去。現在我才知道，大白天走在新宿二丁目的都是在附近工作的上班族。

然而，那時候我真的顧不了這麼多，我從沒跟自己的親朋好友深入談心，我好想找個人訴說長年來無法傾訴的煩惱，只要一句諒解、一句認同，這樣就夠了。

我漫無目的走在大街上，剛好看到一塊書店看板，上面寫著「摸索舍」三個大字。書店的大門看上去頗有年代，那股不可思議的氛圍吸引我進入參觀。那一家書店販賣不少小型獨立雜誌和自費出版刊物。店內設有「同性戀」專區，我拿起一本同性戀獨立雜誌，那一期專門在介紹同性戀社團。

我心想，參加社團應該交得到朋友。於是我鼓起勇氣，寫信給雜誌上介紹的健行社團。選擇健行社團也沒別的理由，只是認為健行比較健康又沒有安全疑慮而已。幾週後，我參加了箱根的健行之旅。好不容易遇到能說出真心話的夥伴，我一股腦把自己的委屈辛酸都說了出來，大家也很認真聽我講，但他們的反應讓我很意外。

「意思是，你討厭自己的身體，不想被當成男性是嗎？」

「男人喜歡男人，這有什麼關係？」

「要獲得男人的青睞，不見得要變性啊。」

「你的問題我不太懂……」

我不是喜歡男性才想改變身體，我只是不能接受而已。男人喜歡男人我也不介意，也明白這對他們來說這是很自然的感情。我懷疑自己是同性戀，試著朝這個方向尋找答案，無奈還是找不到我要的解答，一切又回到原點了。

那些社團朋友都是生理男性，我也一樣；他們戀愛的對象是男性，這點我也一樣。不過，他們對自己的身體沒有不適應的感覺，也不介意被當成男性。基本上，他們接受自己是男性的事實，這跟我有決定性的不同。

我找不到答案，但迷惘時還是會去新宿二丁目。我的煩惱主要跟性別認同有關，因此去那裡還是最有機會找到答案。有一次我在書店翻閱同性戀雜誌，看到了某一則報導。

「你聽過變性嗎？」

「有些人對自己的性別感到痛苦。」

那一刻，我終於找到答案了。

雜誌上刊載的是「第一次ＴＳ研討會」的訊息。

第三章

轉換性別——尋找自己的歸宿

終於遇到知心夥伴

「Transsexual」簡稱TS，就是「變性者」的意思。一九九五年二月十二日，我在國內初次召開的跨性別研討會上，終於找到了「真正的夥伴」。參加這場會議的人都跟我一樣，對自己與生俱來的性別有疑慮，無法接受社會賦予的性別角色。

這個社會主要由男性和女性組成──至少這是普遍的社會認知。不過，這場研討會有各式各樣的人參加，有的人外觀上看不出性別，還有一些人已經變性了，但外觀還有一點過去的影子，也有典型的男性和女性。

我在那天認識了幾個朋友，至今依然維持著深厚的交情。首先是企劃那場研討會的森野女士，她也是後來「TNJ」的創辦人，該團體主要提供跨性別者和性別認同障礙者各種支援。

還有作家虎井先生，他是從女性轉變成男性的性別認同障礙者。他在大學畢業後，獨自前往美國動性別重置手術，是日本性別認同障礙者的人權先鋒。虎井先生長期注射男性賀爾蒙，乍看之下跟男性沒兩樣，外觀和態度都像個壯漢。

當時，我只關心「想要變成女性」的性別認同障礙者，我以為虎井先生跟我一樣。在跟他談話的過程中一直有點疑惑，為什麼他要佯裝剛強呢？想當然，我們的對話有些牛頭不對馬嘴，虎井先生發現我誤會他了，就跟我說：「我跟你相反。」

這句話帶給我很大的衝擊，原來也有女性想「變成男性」。我很難相信這個臉上帶有淡淡鬍渣的「男性」，以前是個「女性」。我訝異地觀察虎井先生的面容，一時語塞。

虎井先生被我看得有些不好意思，這是我們難以忘懷的相識經歷。

會上有好幾個人問我，我的性別認同是什麼？我不清楚自己到底想怎麼做，只好告訴他們我不知道。然而，有了那一天的經驗，我終於慢慢看清自己了。我第一次知道生理和心理可以分開來思考的概念，也認識了跟我有同樣煩惱的朋友。跟他們比起來，我認為自己的性別認同比較接近女性。當我得出了這個結論，過去所有的糾葛似乎也得到了合理的解答。

我想成為女人

順從自己的渴望

我認識的夥伴當中，也有人採取具體行動來消除生理上的不適應感。其中一種方式就是賀爾蒙療法，看到那些夥伴的外貌大幅改變，我也開始好奇女性賀爾蒙會給我帶來什麼變化。

我跟ＴＳ研討會上認識的朋友，打聽許多賀爾蒙療法的訊息——比如要去哪裡接受賀爾蒙療法？賀爾蒙療法對身體的負擔有多大？變化程度又有多大？我獲得的資訊並不詳盡，但我真的無法忍受生理上的不適應，賀爾蒙療法似乎可以緩和那種感受。我想接受賀爾蒙療法的念頭一天比一天強烈。當然我也猶豫過，但後來有了不一樣的想法，既然順從自己的渴望和原地踏步一樣痛苦，那我寧可順從自己的渴望活下去。

我在十七歲那一年向母親坦承自己的性別認同。事隔十年，我再次對母親訴說我的想法。我百般猶豫，只敢用不確定的語氣告訴母親，我的性別認同很可能是女性。

母親也記得我以前的自白，盡可能冷靜聆聽我的苦惱。母親依舊寬容的態度，讓我忍不住流下淚水。從那一天起，母親成了我最親密的商量對象。害母親操煩我也過意不去，無奈當時我沒有心力顧慮那麼多，一股腦將所有的辛酸苦惱都跟母親說。

那時的我不是渴望當一個女人，而是渴望活出自己。我很清楚自己的現狀有問題，因此試著做出改變，只是這樣而已。

逐漸改變的身體

我聽從朋友的建議，去新大久保地區的婦產科接受賀爾蒙療法。一個男人獨自進入婦產科需要莫大的勇氣，我在醫院前走來走去，始終不敢跨進醫院大門。最後我用附近的公共電話，打去詢問男性可否接受賀爾蒙療法。院方倒也乾脆，直接跟我說沒問題。

我前往醫院接受醫生的診療，醫生向我說明賀爾蒙療法對肝臟的副作用，在我的臀部打了第一劑女性賀爾蒙。打完後我鬆了一口氣，這下我的身體終於能恢復原狀了。就這樣，我每週都會去醫院接受一次治療。

第二次注射後，我的身體開始產生了變化。首先是乳頭有疼痛感，乳腺還有一點似有若無的發脹感，當我發現這是青春期體驗過的感覺，真的非常開心。每次洗澡我都會確認自己的生理變化。我的胸部如同少女般逐漸膨脹，下盤也多了些脂肪，雙腿的曲線更加柔和。腰部一帶的觸感也比以前柔嫩豐潤，皮膚也變得敏感又細緻。

我心想，這才是我該有的身體。

不過，我的理性很清醒。這些生理變化對我來說很正常，在別人眼中卻很詭異。我必須好好隱藏，為了避免胸部被看出來，我連在家中都得駝背生活。外出上班時就穿胸前有口袋的襯衫，順便在口袋裡放點東西，有人靠近我就趕快雙手環胸護住自己。問題是，生理變化不可能永遠瞞下去。公司通知我去健康檢查的隔天，我就下定決心準備辭職了，辭職原因我只寫了「個人因素」四個字。真正原因我只告訴過兩個人，一個是我年資尚淺時，調侃我是處男的那位前輩，另一個是比我晚一年進公司的後輩。

在歡送會上，那個後輩毫不在意眾人目光，哭著替我送別。前輩也替我加油打氣，他說我不管到哪裡一定都能過得很好。我這次離職其實沒有什麼未來展望，前輩的鼓勵帶給我很大的勇氣。

參加互助團體

接受賀爾蒙療法後，我的外貌變得越來越中性。要持續改變自己的生理性別，就不能跟家人一起生活，於是我前往新加坡。新加坡有一種對性少數族群較為寬容的印象，但現實不斷讓我失望，我才住八個月就回國了。

一九九六年七月，我回國沒多久，埼玉醫科大學倫理委員會宣布，同意有條件承認「變性手術」（詳情容後表述）。媒體大幅報導這則消息，我也是在那時頭一次知道「性別認同障礙」這個字眼。性別認同障礙被當成正式的議題探討，媒體的報導論調也十分嚴肅，我心中產生了一絲希望。

到了八月，我去參加東京的同性戀遊行。站在路邊觀看遊行時，偶遇了「第一次

ＴＳ研討會」上認識的朋友，那個朋友告訴我埼玉醫科大學這幾年的動靜。埼玉醫科大學核准變性手術後，他們也成立了新的互助團體，邀請我共襄盛舉。新團體名為「ＴＳ和ＴＧ互助協會」（簡稱ＴＮＪ），後來我也參與營運。

現在穿女裝和化妝對我來說是很自然的事，當初可不這樣想。我對女性裝扮其實不怎麼感興趣，去參加互助團體的活動也都穿普通的T恤、長袖外衣、牛仔褲，頭髮也是半長不短的長度，臉上沒有化妝，連眉毛也沒修。不過，我有定期注射女性賀爾蒙，外觀確實變得很中性。大家常問我是男性還是女性，也有人誤以為我跟虎井先生一樣，是從女性轉變成男性。

互助團體是我好不容易找到的安身之處，去那裡我可以說出真心話，交到更多好朋友。只是，他們多半知道自己要什麼，參加活動純粹是要收集必要的資訊，我卻不曉得自己的方向，因此多少有些焦躁。幸好我在那裡學到了很多知識，例如法律和制度的問題，還有心理諮詢、賀爾蒙療法、變性手術等醫療資訊，甚至學了處理家庭關係的方法，以及化妝的技巧，那些知識帶給我很大的幫助。

埼玉醫科大學的答覆

一九九五年五月，埼玉醫科大學綜合醫療中心整形外科教授原科孝雄先生向該校的倫理委員會申請「變性治療臨床研究」。隔年七月，該大學的倫理委員會經過十二次審議後，給出以下列答覆：

一、性別認同障礙確實存在，只要有人對自己的性別感到不適應，使用醫學手段減輕其煩惱是正當手段。

二、外科的變性手術是性別認同障礙的治療手段之一，但日本還沒有進行外科變性治療的環境，得先經過下列程序做好準備。

1. 請相關學會和專家團體，制定明確的診斷基準和治療規範。

2. 召集各領域專家，例如整形外科、精神科、婦產科、泌尿科、小兒科、內分泌專家，成立性別認同障礙的治療團隊，選擇合適的治療對象，擬定恰當的治療方法，做好術前和術後的照護體制。

3.加深對性別認同障礙的理解，設法解決變性手術可能造成的各項問題。例如，尋求法律專家的協助，共同解決現實層面的問題，或是讓性別認同障礙者一起參與活動，努力獲得社會大眾的認同。

上述答覆公布後，日本精神神經學會在厚生省的指示下，於一九九七年五月，終於制定出「性別認同障礙的診斷與治療規範」。

「治療」主要分為三個階段，分別是精神療法、賀爾蒙療法、手術療法，需要的治療程度也因人而異。若當事人接受精神療法即可獲得心靈上的平穩，就不需要接受其他療法。若否，則可以在專家謹慎的判斷下，接受賀爾蒙療法。賀爾蒙療法也不管用的話，同樣在專家的謹慎判斷下，可以接受最後的手術治療階段。

這一套規範成立後，性別重置手術在日本總算成為公認的醫療行為。

過去性別重置手術在國內並非正當醫療。曾有婦產科醫師未經充分診療就替當事人進行「變性手術」，違反了舊優生保護法，在一九六九年被東京地院判決有罪（史稱藍男孩事件，一九七〇年最高法院也判決有罪），長久以來造成了深遠的影響。實際上，這個判決有提到「性別重置手術的正當條件」，在那個年代是很劃時代的判決，但大多數的人只注意到「動手術被判有罪」的部分。

總而言之，醫療規範制定後，「性別認同障礙的治療」被視為正當醫療行為，當事人得以在國內接受治療。從這個角度來看，制定醫療規範有其重大意義，現在日本國內有五家醫院提供手術治療。

醫療規範剛成立的初期階段，在運用上比較沒那麼靈活，因此不按照醫療階段自行接受治療的人，會被視為「特例」，沒辦法接受性別重置手術。這種長期以來不受體制保護的案例也層出不窮。

二〇〇二年七月推出了修訂版本，初版醫療規範不適用的案例，也可以重新安排治療措施了。賀爾蒙療法的法定年齡也從二十歲降到十八歲；乳房切除從第三階段改到了第二階段，甚至在接受賀爾蒙療法前就能切除，變化不可謂不大。

二〇〇六年一月修訂的第三版，在下一章提到的「性別認同障礙者特別法」實施後，應用上更添了幾分靈活性。本來接受性別重置手術要經過倫理委員會的個別審查，現在這一條規定也廢除了。當事人有權選擇最適合自己的療法，所以目前採用「自助式醫療」，當事人在獲得充分資訊的前提下，能自由決定治療的方式或順序。

這段期間，醫療人員在第一線聆聽當事人需求，不遺餘力地改善醫療措施，這份功勞值得我們銘記在心。不過，從當事人角度來看，相關醫療還是有許多問題待改善。首先，「沒有他人認可就不能進一步治療」的基本方針並沒有改變，而且缺乏專業醫師，尤其在東京近郊的初診當事人，幾乎掛不到專業醫師的精神療法。

再來，跨性別診所是由精神科、內科、整形外科、婦產科、泌尿科等科部組成，但各科間的協調機能稱不上完善。由於各部會缺乏合作，當事人很難在一天之內安排有效率的診療行程，有的人連要掛哪一科都不清楚，院方也沒有提供完善的診斷和治療說明。當事人必須自行安排一連串的看診計畫。

繭居後重新出發

新加坡沒有我的容身之處，我決定去舊金山碰碰運氣。舊金山的互助團體在短短十天內就召開好幾次集會，這點令我嘆為觀止。可是，其中一個成員對我說了一段很具衝擊性的話，讓我放棄了去美國生活的念頭。

「這個城市不是我們的天堂，除非你變得很漂亮。在你變性成功前非常危險，你要做好被殺害的心理準備。」

我這才明白——原來那裡的跨性別者如此團結，就是要對抗強烈的偏見和迫害。在東京生活頂多被嘲笑而已，至少沒有性命之虞。於是，我決定回到日本生活。

從舊金山回國後，我在家中蝸居將近兩年。雖然日本國內已經有正式的醫療措施，我也參加了互助團體，但我一直沒有想清楚自己未來該怎麼做，也沒有一個明確的願景。半男不女的外貌連我自己都不適應了，我很在意旁人的眼光，完全不曉得該如何自處才好。人一缺乏自信，也就不敢外出找工作或租房子了。

看著積蓄一天比一天少，我也一天比一天焦躁。以前念書時打過工的一家二手錄影帶店店長邀我回去工作，大半夜一個人守著空曠的店鋪，旁邊只有大量的成人錄影帶相伴，真的會覺得自己很落魄潦倒。

我每天晝伏夜出，整天待在房裡，只有打工和參加互助團體的活動才會外出。家人也不曉得我白天到底在睡覺還是醒著，他們開始注意我的舉動，我連離開房間都要小心翼翼。

我很討厭這樣的自己。再這麼耗下去不是辦法，該如何活出自我呢？——當我思考這個問題，發現自己討厭跟別人碰面的主因，在於我臉上有鬍子。我得把剩下的錢花在有意義的事情上，不然我擔心自己會繼續沉淪，因此我決定嘗試永久除毛。

我首先嘗試的是電針除毛，這是把細微的電針插入毛囊中，用電力分解毛囊的作法。施術前得先用鑷子夾住鬍鬚，所以要先讓鬍鬚長出一定的長度。整個施術過程更是痛到眼淚直流，施術完皮膚還會紅腫發炎。考量到體毛的生長週期，要去掉所有鬍鬚少說得花上好幾年。我花了十萬元除毛，卻感受不到效果。為了消除一個煩惱，得耗費這麼大的心力，光想就快受不了了。

我有一位女性朋友拿了雷射除毛的報導給我看。我前往報導上介紹的診所，施打一次要價一萬元，鬍鬚全部除毛要價五十萬。我實在不想花這筆冤枉錢，於是打給醫療器材代理商，不斷尋找有同樣器材的醫療機構，最後找到一家施打一次一百元。

我一進診療室就說自己想除去鬍子，醫生聽了頗為訝異。以施打一次一百元計算，第一次除毛療程費用是一萬兩千元，第二次是八千元，之後再花個幾百元補足療程，整個除毛療程就算結束了。沒有了鬍子，我跟別人面對面談話不再感到痛苦，對自己的臉也沒有不適應的感覺了。除毛確實讓我減輕了煩惱，我連腿毛也除掉了。

我思索其他可以改變的部位，尋找具體的改變方法，用實際行動來獲得成果，結果也令我滿意。這樣的嘗試也幫助我擺脫了繭居的生活。

女性的自我

我的外貌越接近女性，走在街上也越多人發給我女性才會拿到的廣告面紙。從男性轉變成女性的跨性別者，會計算自己拿到多少電話交友俱樂部的面紙，這是客觀了解自己外貌的方法之一。

我們也會利用電話交友俱樂部做發聲練習。利用電話交友俱樂部閒聊，彼此不用揭露自己的隱私，從頭到尾都沒被對方發現自己是男性的話，就代表自己的「女性嗓音」合格了。跟第三性閒聊的電話俱樂部也很受歡迎，我們可以說出自己真正的心聲，就好像其他圈子替我們開了另外一扇窗。反正遇到討厭的人直接掛斷電話就好，我抱著這種輕鬆的心情嘗試了幾次，遇到一個很有好感的對象。那個人認真聆聽我的煩惱，也給我很大的鼓勵。我們的年齡相近，也很有話聊。有一次，我們說好隔天要出來約會，電話一掛斷我就驚覺自己說錯話了。

那個人知道我的問題，但他喜歡的還是我「女性化」的部分吧。然而，我沒有適合穿去約會的洋裝，也沒替自己化過妝。萬一他對我失望，受傷的會是我自己。

我打電話給其中一位女性朋友商量，她二話不說就答應要幫我。我去她家裡學習實際的化妝技巧，還借了一套洋裝。隔天我到相約碰面的地點，那人驚訝地望著我，他以為自己被騙了，因為我看起來跟一般女性沒兩樣。

有了美妝和女性的服飾，我在別人眼中就是一個女性，而我自己也不覺得奇怪，這讓我意外「發現」了不一樣的自己。

那天過後，我去參加互助團體活動時也會打扮成女性的外貌。話雖如此，我在鄰居眼中是「上川家的次子」，所以出門時都穿T恤和牛仔褲，行為舉止也像個「頭髮比較長的男性」。我會跑到鄰鎮的車站女廁換裝，先用手撥開頭髮，畫一下口紅，看起來就像個化淡妝的女性了。到女廁換好女裝後，再對著鏡子仔細梳妝打扮，充滿女人味的女性便大功告成。回家時就把同樣的步驟反過來做一遍，先到廁所換回T恤、牛仔褲，再去無人的巷弄擦掉臉上的妝，變回「頭髮比較長的男性」後才敢回家。

在一人分飾兩角的生活中，我深刻體認到「女性」那一面，才是我的重心。

削除我的喉結

打扮成女性的時間越長，我對自己的女性身分就越有認同感。不過，我不認為自己應該要裝得很有「女人味」。

我重視的是「活出自我」，而不是符合社會「觀感」。我嚮往的外在條件——包括體型、聲音、服飾、言行舉止、談話內容——只是剛好符合社會上的「女性」範疇罷了。旁人把我當成一個女性，我發現自己也能坦然接受這件事。那種契合的感覺，讓我「女性」的那一面更加安定。

然而，我很不習慣自己有喉結。過去我還把自己當成男性時，也不能忍受喉結的存在。這跟理性無關，純粹是情感上無法接受。萬一喉結害我的生理性別曝光，那我以往的努力就付諸東流了。

隨著「女性」的自我逐漸安定，我仔細思考手術能改變的程度以及相關的風險。我到東京、橫濱、京都、大阪會見了四名整形外科醫師，請教他們的意見。我問他們喉結最多能削掉多少？削掉又有什麼風險？每個醫師的答覆都不一樣。我認識的朋友也沒人削過喉結，煩惱了半年後，決定找京都的醫師動手術。

我希望節省手術費用，醫師同意減少兩萬塊，手術只用局部麻醉進行。可是，手術一開始我就後悔了。雖然切開的創口才八毫米，但在意識清醒的狀態下被切開喉嚨非常恐怖。我盡量不讓自己發抖，以免醫師動刀出什麼差錯。護理師也看出我很害怕，在四十分鐘的手術過程中一直握著我的手，這算是唯一的救贖。

那天，手術推遲了一段時間才進行。醫師動刀時有些急躁，據說之後還有幾臺手術要開。喉結削太多聲音會變低，手術時患者要一邊發出聲音，測試聲音的變化。護理師提醒醫師不能再削下去，醫師卻說再削一點點就好。結果醫師加重削骨的力道，手上的鑿子瞬間打滑。

當下我真的嚇到面無血色。醫師叫我試著發出聲音，我的聲音變得詭異又低沉，或許已經無法挽回了吧……我難過得想哭，手術也到此結束了。

等我搭乘新幹線回到東京時，喉嚨完全發不出聲音了。

過了兩週，我的聲音並沒有恢復，講話聲音跟蚊子一樣小。我悵然若失……失去聲音後該怎麼活下去？幸好某個擔任音樂教師的朋友替我做發聲練習，我花了快半年，總算恢復到長時間說話也不會沙啞的程度。不過我再也沒辦法像以前那樣，輕鬆唱出女性歌手的音域了。

手術無絕對，有得必有失。這點我非常清楚，但實際失去寶貴的聲音還是帶給我莫大的打擊。當然，我的際遇算得上不幸中的大幸吧，好歹我恢復了很接近「女性」

的聲音。

變性手術

我花了很長的時間思考，究竟該不該動性別重置手術。從個人感官上來看，我對自己的性器官很不適應，真的要我選擇其中一方，我會毫不猶豫選擇女性的性器官。畢竟在日常生活中如廁盥洗，我們一定會注意到自己的性器形狀。有了女性的性器官，我一定可以表現得更加自然，夜晚入睡時也能跟自己心愛的人坦誠相見。

可是，精神科醫師問我要不要動手術時，我沒法給出十分篤定的答覆。

我告訴醫師，我確實對自己的身體感到不自在，擁有女性性器官對我來說才叫正常。但手術有多大的風險？成效又有多大？在訊息不明確的情況下，我不想動刀。

精神科醫師斷定我適合動手術，醫院的治療團隊經過討論後，也同意我動手術。然而，我還是花了很長的時間思考。

性別重置手術沒辦法形塑出完美的女性性器官，只是外觀和機能相近罷了，不見得會有滿意的結果。而且可能影響排泄功能，造成性方面的知覺受損。我動過喉結的手術，心知不能光靠期望做決定，要詳加分析風險和手術極限才行。

另一個原因是，變性在社會制度上有很大的不確定性。當時我以ＯＬ的身分從事非正職工作，沒辦法跟公司請長假。除此之外，萬一日後法律允許我們改變性別，進行非正式的手術或去海外動刀，可能會影響個人權益，我不希望留下這樣的麻煩。

我一直拖到二〇〇四年十二月底才決定動手術。我事先安排好一段專心接受治療的時間，以不影響公務為原則。由於我本身是公僕，在國內接受治療，醫院肯定得耗費心力應付媒體採訪，所以我去了泰國春武里府的醫院動手術。好在我的手術很成功，住院的那一個禮拜，是我當上議員後第一次休養生息的時光。

從男性上班族變成女性ＯＬ

後來我的「女性」形象逐漸定型，我決定離開老家，開創屬於自己的人生。一九九八年六月，我搬到了世田谷區。

一九九九年新年剛過，我以ＯＬ的身分重新踏入社會。我的外觀已經跟女性沒什麼兩樣，除非主動公開性別，否則旁人根本看不出來。再來就是參與社會活動了，我想找到一份工作，可以活用我過去五年的工作經驗。

尋找正規的雇用管道，是謀求一份穩定工作最快的捷徑，但我最大的問題是沒辦法提出正式文件，好比戶籍謄本、住民票、年金手冊等，別人一看就會發現我真正的性別。另外，像年金、雇用保險、勞災保險、健康保險等申請文件上也都有性別欄位。過去我是一個「男性」上班族，現在的我跟過去的紀錄落差太大，這也是一大問題。

多數性別認同障礙者也有同樣的問題，只能從事一些不穩定的工作，好比打工或兼職人員和派遣員工。我拿到求才刊物，也不敢考慮有完善福利的工作。最後終於在超商裡找到人力銀行的傳單，上面有一個為期兩周的助理編輯工作。我抱著姑且一試的心情，跟對方聯絡。

空白歲月的評價

我造訪人力銀行提交履歷表，跟人力銀行的職員一起去見求才公司的社長。我很擔心自己的性別穿幫，三個人坐下來聊了一會，他們絲毫沒有懷疑我的性別，整場面試始終保持著融洽的氣氛。

他們把我當成一個女性，請我簡述自己的經歷。我發現這個社會對待男女的方式真的有很大的差異，從我辭去工作到重新踏入社會這段期間，有好幾年的空白。我告訴他們，這幾年我都在分擔家務，幫忙照顧年邁的祖母。

最令我驚訝的是，他們對這個說法不疑有他，而且還抱持正面評價。幾年的空白用一句「分擔家務」就能帶過，這在男人的世界是絕不可能發生的事。

社長問我能否立刻上班，我說沒問題，社長就決定雇用我了。我開始了為期兩週的短期工作，基本上只有我跟社長是專任的編務人員。社長完全沒發現我是男性。一週後，我熟悉了工作內容，也就不擔心身分穿幫的問題了。幾個月過去，社長決定直接雇用我做兼職員工。

有一天早上，我一到公司先接聽語音留言，就聽到電話中有人用生疏的日文，說著令人不安的求助訊息。

我驚慌地跟社長報告這件事，他說那是來日本發展的韓國人妖。據說是社長在新宿認識的，有好幾年交情，有時候社長會借錢給她們或當她們的保證人。

社長喃喃地說，那些人妖也都是可憐人，她們很仰慕社長，社長也不忍心棄之不顧。那個社長年紀不小，對我也十分照顧。他大概作夢也沒想到自己唯一雇用的專任編務，竟然會是跨性別者吧。我跟朋友說起這件事，朋友們都面帶苦笑。

直到我離職兩年後，社長在電視上看到我當選議員的消息，才終於發現這個真相。

男人女人都辛苦

工作了大約兩年，年事已高的社長決定收掉公司，我又得重新找工作了。偶爾我會在履歷表上寫自己是女性，或乾脆不填性別欄。但那年我三十三歲了，很多求才刊物都只要三十五歲以下的人才，我很清楚自己的年齡快到極限了。

日本景氣多年來一直都不好，我也參加了許多面試，經常被問到過去的職涯經歷，還有家庭狀況。例如我有沒有結婚？婚後會不會繼續工作？未來有沒有生小孩的打算？這些都是男性不會被問到的問題，差別之大令我目瞪口呆。

我已經三十三歲了，而且還是用女性的身分，考量到求職、結婚、生產、養兒育女等各種要素，有些面試官提出的疑問擺明就是在說我已經到了不堪用的期限。

我成為了女性OL。

說穿了，那些人真正的想法是，妳以後生小孩就會辭職了吧？做到一半走人我們可受不了，這種適婚年齡的女人最麻煩了，別投我們公司的履歷好嗎？

於是，我表明自己沒有結婚的打算，結果這樣的答覆他們也有意見。老實說，我很想反駁他們，我的人生計畫用不著別人擔心。

最後，有兩間公司決定雇用我，我選擇在表參道的一家小出版社上班，在那裡工作了一年八個月，說句老實話，跟女同事相處也滿累的。

公司裡有四名女職員，她們幾個表面上感情不錯，其實排他意識非常嚴重。每個人對彼此都抱有戒心，生怕對方偷偷說自己的壞話，也沒有人敢拆穿「感情好」的偽裝。穿著打扮不能太過華美，也不可以對特定的男性太好——這些顧慮是維護人際平衡的要素。

我以男性身分工作了五年，又以女性身分工作了四年，最深刻的感觸就是「男人和女人都不好過」。男性背負的又是不一樣的重擔，過去我以男性身分討生活時，也承受了不小的壓力，畢竟男性是不能示弱的。男人晚上去買醉發洩工作壓力，隔天一大早又得裝作若無其事的樣子去上班。

在日式企業工作，某些場合上，男性不得不表示意見，但在同樣的場合，女性發表意見卻會受到歧視。要不是被當成愛出風頭，就是根本不受重視。以「女性」身分工作的這些年，我經常感受到這類潛規則。

我從男性上班族轉變成女性ＯＬ，外觀上雖有變化，本質並沒有改變。然而，社會對我的看法和要求卻完全不同，我切身體會到什麼叫「性別偏見」。

當男人或當女人都不輕鬆，這是我當過男人又當過女人最真實的感想。

不受社會制度保障的我

改一個忠於自我的名字

我們這些跨性別者都希望以自己嚮往的性別活出自我。因此，旁人如何看待、理解我們的外貌和聲音，對我們有很重大的意義。可是，外貌和聲音接近我們嚮往的性別，不代表我們就能過上安穩的生活。另一個重點在於，我們在社會制度上受到很大的束縛，如何跨越戶籍姓名和性別的屏障，是我以女性身分參與社會活動的一大課題。

我剛開始以女性身分生活時，戶籍性別還沒辦法變更，我唯一能做的是改名字。我在工作半年後，認真思考更改戶籍上的名字。

我在履歷表上寫的名字是「礼一」，這是我深思熟慮後所選擇的中性字眼，這樣一來我在改名後，戶籍性別和名字才不會有太大落差。

找到了工作，還得開設銀行戶頭才領得到薪水。當時的政府沒有像現在這樣，設立許多防止洗錢的規範，很多銀行只要上網申請就能開戶，連身分證影本都不需要，這也是許多跨性別者使用的方法。

我離開老家獨自到外面生活，也是用新的名字繳交水電和各項費用。登錄繳費者不需要附身分證明，但收據有類似正式文件的性質，我會把收據帶在身上，當成唯一證明自己身分的文件，只可惜通用效果不太好就是了。

改名要經過家庭裁判所審核，而且一般來說要有「正當事由」才行，例如有其他同名同姓的人或名字太過罕見，造成當事人在社會生活的困難。另一種情況是，當事人有長年使用的通稱，或在工作上需要繼承某些名號。在那個年代，很少有人改名是以「性別認同障礙」為由，算不算「正當事由」也說不準。

一九九九年六月，我向東京家庭裁判所提出改名申請，同時遞交「性別認同障礙」的診斷書，以及證明我有參加社會活動的文件——包括我跟派遣公司的僱傭契約書、薪資明細表，還有用新名字開設的銀行戶頭資料、水電等各項費用的收據，蓋有郵戳的親友往來信件也準備了。

我和東京家庭裁判所的調查官談了四個小時，不時聲淚俱下。中間休息時，裁判所的職員還帶我去上女性專用廁所。調查官沒碰過我這樣的案例，態度有些猶豫，但看得出來他很同情我。

我請教調查官，改名的要求是否會被駁回？調查官冷靜地告訴我，照理說我的要求應該會通過。據說在家庭裁判所的審判上，調查官提供的報告有舉足輕重的影響力，聽到調查官那樣講，我也鬆了一口氣。

提出申請四個月後，我在一九九九年十月底，正式改名為「礼」。

盡義務卻不能享權利

改了名字後，我在法律上以新身分踏入職場，卻也多了一個新的疑問。我的工作性質形同為人打工，但我同樣有繳納稅金，盡了一個勞工的納稅義務，為何享受不到權利？這未免太不公平了。

我們這種人沒加入雇用保險，一旦被解雇就沒有任何保障。在職場上工作受傷也不適用勞保，受傷後失去工作能力只能自己承擔。至於國民健康保險，當時掛號的費用也不一樣，而且去醫院掛號，我們的外觀和保險卡上的性別不一樣，肯定會被院方質問。我很討厭那樣，所以只會找家庭醫生看病。年金也只加入了國民年金。

我越想越覺得不公平，也對自己的將來感到不安。當然，我可以坦承自己以前是男性，請公司替我續保，讓我加入社會保險。問題是，坦承生理性別有可能會被解僱，我不敢據實以告。事實上，我有很多朋友在求職時坦承自己是跨性別者，結果失去了已經到手的工作，也有人過往的經歷被挖出來，在得不到旁人諒解的情況下被迫離職。

我開始思考，有沒有辦法讓我當上正職員工，享有社會保障，又不用坦承自己真正的性別？

公共職業安定所

於是，我打電話給新宿的公共職業安定所。

「我從二十二歲到二十七歲，擔任正職員工五年又三個月，期間每個月都有繳納雇用保險。當初我登記的是男性的名字，性別也是男性，不過我現在是以女性的身分參與社會活動，做的也是全職性質的工作，我能不能納保呢？」

職員聽完我的說明後有點訝異，不斷幫我轉接給其他辦事員。幸好每個辦事員都很認真聆聽我的訴求，替我解釋相關制度。根據他們的說法，通常換了工作，投保紀錄還是會延續下去，但我隔了超過兩年才重新踏入社會，不適用這樣的規範。

辦事員告訴我，只要公司替我用女性身分投保，電腦那邊就會以新身分登記我的投保紀錄。想不到我竟然也能加入雇用保險！看來我有機會成為正職員工了。

另一個顧慮則是健康保險，我也問了健康保險的疑問，同樣得到意外的答覆。有關單位只會輸入公司提供的投保資料，不會進行詳細的身家調查。無論過去以何種性別踏入職場，都不會有太大問題。換句話說，我應該也能加入健康保險。

社會保險事務所

最後就剩下年金了。有機會成為正職員工，照理說加入企業年金也不是問題才對。一開始我找行政機構商量時，並沒有坦承姓名或住址等個資。萬一辦事員表現出納悶或瞧不起人的態度，繼續談下去也沒太大意義。我本打算遇到那種人就隨便應付幾句掛斷電話，反之，對方願意認真聆聽的話，我就詳細說明自己的問題。

我打電話給各行政單位，一定都會提起自己有性別認同障礙。對那些辦事員來說，他們從沒遇過我這樣的問題，有些人確實對我愛理不理，但大部分人聽完我認真說明，都願意以誠懇的態度相待。社會保險事務所的承辦人員就是那樣誠懇的人。

「老闆到現在都還不知道我有性別認同障礙，我以女性的身分打工已經超過半年，老闆也願意幫我轉正職。只是不能加入社會保險，實在太不合理了，能否想個法子改變年金手冊的性別呢？」

我懇求承辦人員替我想辦法，對方很訝異有我這樣的案例，態度倒也懇切。「我明白不改變年金手冊的性別，無法保護您的權益。」通過幾次電話後，承辦人員表示獲得了上級許可，等我提出申請書就能變更年金手冊的性別。

我開心得差點跳起來，太好了，幸好我沒有放棄爭取自己的權益！我終於能當正職員工了。對方要求我提出申請書，但更改年金手冊的性別沒有正式表單可填，我只好拿出裁判所的改名申請書，寫下自己為何要更改年金手冊的性別，以及不改變性別會對我的權益造成哪些損害，最後簽名用印。

不料過了好幾天都沒有消息，我的一顆心也七上八下。幾週後，我試著打電話給承辦人員，對方用非常過意不去的語氣跟我道歉。承辦人員說，害我空歡喜一場，他實在難辭其咎。

我問承辦人員，是不是年金手冊的性別不能更改？他坦承變更確實有困難。吃下肚的定心丸又吐了出來，期望越大失落也越大。我當然相信承辦人員有盡力維護我的權益，但還是很難接受這種結果，實在不甘心就這樣忍氣吞聲。

我要求見承辦人員的上級一面，請對方看看我的樣子，再考慮這樣的決定是否正確。承辦人員表示，其實不用特地見上一面，他們也相信我說的是實話。最後我們還是約好在社會保險事務所碰面詳談，這個安排大概也是要讓我乖乖放棄吧。

會面的前幾天，我跑去找社會保險勞務士事務所諮詢。按照對方的說法，社會三法（健康保險、雇用保險、年金）的承辦手續，基本上是替同一個人概括辦理，沒辦法只加入特定的保險。換句話說，其中一項辦不成，就等於統統辦不成。

會談當天，承辦人員向我低頭致歉，還答應陪我一同抗告。然而，我費盡唇舌說明自己的困境，努力的成果卻在傾刻間瓦解，我也沒那個心思抗告了。會談的那幾個小時，我哭著跟承辦人員訴苦，對方始終滿臉愧疚。

我知道他並沒有錯，他只是官僚機構的其中一員罷了。看他滿臉愧疚，我也過意不去，最後我向他道謝後就離開了。我始終沒有當上正職員工。

更改性別申請被駁回

申請駁回

二○○一年五月，國內四個地區的家庭裁判所同時接到幾件變更戶籍性別的要求。提出申請的六人當中，有四人是「性別認同障礙者」，曾在埼玉醫科大學綜合醫療中心接受性別重置手術。這些人通過國家制定的規範，接受了正式的醫療措施，想必裁判所會同意他們變更性別的要求──對此我充滿期待。

可是，他們只得到了「申請駁回」四個字。二○○二年夏天過後，所有判決結果都出爐了，不料竟沒有一件通過。裁判所駁回的共通理由是，這樣的訴求缺乏社會共識，應透過立法解決。

根據現行的戶籍法，只有在登記錯誤或疏漏的情況下方可改正性別。這裡的「錯誤」是指不正確的意思，「疏漏」則是有疏忽之意。

換句話說，裁判所認定有「性別認同障礙」這種疾病概念的人，在接受「治療」後所產生的生理變化，算不上是「錯誤或遺漏」。由於現行的法律制度沒有相關應對措施，所以只好駁回這些人的訴求。裁判所用非常消極的方式，推導出駁回的結論。

這些在國內動手術的跨性別者，已經是「最符合性別變更條件」的人，他們一起提出變更戶籍性別的要求，媒體也非常重視。然而，史無前例的司法判決，卻留下了一個令人扼腕的結果。

無法帶給人們幸福的國度

我個人是在最糟糕的情況下得知判決結果的。

二〇〇二年八月，韓國釜山外語大學的金敏圭教授來日本訪問，在東京的日本性教育協會講述「韓國的性別認同障礙暨相關法律」。

日本的裁判所對戶籍法的詮釋一向嚴格，性別變更幾乎沒受到認可。鄰近日本的韓國也有相似的戶籍法，但認可和不認可的案例各佔一半。這場演講召開的一個月前，釜山家庭支院（相當於日本的家裁）引用憲法的幸福追求權，做出了劃時代的認可判例。這個消息帶給我很大鼓舞，因為當時那些要求變更戶籍性別的人，還沒有接到家庭裁判所的判決結果。韓國的例子讓我們滿懷希望，法律就該保護人民的權益。

不過，我們卻在會後得知最糟糕的結果。主辦這次演講的虎井先生宣布，家庭裁判所駁回了所有性別變更的申請，會場氣氛頓時變得很凝重。

我真的非常失落，尋求行政和司法途徑都行不通。我們想方設法改變現狀，無奈還是打不開那一扇門，那一扇門只是看起來有希望打開，其實根本文風不動。社會永遠沒有考慮到我們，法律和制度也沒有考慮到我們，所以我們永遠被法律和制度排除在外。我覺得好不甘心、好難過、好無力。

我品嘗到絕望的心情，這是一個無法帶給人們幸福的國度。

第四章

開拓性別變更的康莊大道——推動「性別認同障礙特別法」

為立法奔走的新科議員

「無子」條款

二〇〇三年五月十三日，我當選區議員的兩週後，突然接到一則消息。野宮亞紀女士打電話告訴我，執政黨議員有意透過立法程序，解決「性別認同障礙者」的性別變更問題。野宮亞紀女士是我同甘共苦的好夥伴，我們一起參與過「TNJ」互助團體的活動，有向國會陳情的經驗，我參選時她也有來幫忙。

我下定決心參選後，多少聽到政界有一些新動靜。好比二月二十四日，我聽說自民黨事隔兩年五個月，決定再次召開「性別認同障礙研討會」。

自民黨曾在二〇〇〇年九月舉行「性別認同障礙研討會」，由自民黨的參議院議員南野知惠子號召舉辦。研討會每個月召開一次，與會的有若干名議員和議員祕書，以及法務省職員、醫師、法學家、性別認同障礙者。我們對這個劃時代的研討會抱有很高期待，因為這代表政府可能要透過法律途徑，降低戶籍性別變更的門檻。然而研討會的規模不大，才召開三次就沒下文了，整整兩年多一點消息都沒有。

過去「性別認同障礙者」提出變更戶籍性別的要求，幾乎都被司法否決了。司法單位提出的理由是「缺乏社會共識」，並一再重申要透過「立法解決」。可是，掌握關鍵的政府一直沒有積極立法，表現令人失望。例如，二〇〇三年二月二十七日，當時的法務大臣森山真弓在接受國會質詢時，只有口頭支持議員提案立法。

在這樣的情況下，竟然天外飛來一則議員有心立法的消息。但現實還是很嚴峻，我們的期待沒有持續太久。這一起法案在我們當事人之間，拉起了一道意外的「分隔線」。

一直以來，神戶學院大學教授大島俊之先生不斷重申，變更或修正戶籍性別需要訂立特別法。而在大島先生的腹案中，戶籍性別變更有一大前提，那就是當事人要先經過醫師診斷，確診為「性別認同障礙」。並符合三大條件：

1. 當事人年滿二十歲。

2. 已經動過性別重置手術。

3. 變更戶籍性別時尚未結婚。

這三大條件合稱「大島三要件」，多數性別認同障礙者認為條件實在太過嚴苛，尤其一定要動過性別重置手術這一點，更是受到強烈批判。就算當事人對生理性別或社會性別觀念感到不適應，真正需要動手術的人也只有一部分，這在當事人間屬於明確的共識。即使有意動手術，費用和健康因素也會讓人卻步。

不料，議員新提出的草案也是以「大島三要件」為基礎，還加了一條意想不到的新條件，那就是「當事人不能有小孩」，這也是一直延續到今日的爭議性課題，俗稱「無子條款」。

無子條款一律排除有小孩的性別認同障礙者，當我聽到這一則條款，最先想到的就是我一名好朋友。撇開那位好朋友不談，也有很多性別認同障礙者不斷摸索跟現實妥協的生活方式，到頭來不得不成家、甚至生子。

那一晚我們商量的結論是，無子條款絕對要反對到底。

接到那一通「恭喜當選」的電話後，我們決定調查國會內部的狀況。

在我參選前，就已經透過陳情活動認識一些政界人士了。參加區議員選舉後，我也認識了不少黨政人士和法學家。我盡量利用那些人脈掌握立法動向，執政黨和在野黨部分議員在我當選後也與我面談，根據那些議員還有各方人脈提供的訊息，有志一同的執政黨議員很熱心準備議員立法的程序，但自民黨是決定立法成敗的關鍵，自民黨內部對這個問題缺乏理解和共識，因此議員立法的狀況十分不樂觀。

五月十六日，我以新科議員拜會政界前輩的名義，前往參眾議院的議員會館，希望掌握更詳細的訊息。現在回想起來，家西悟先生建議我參選也才四個月前的事。經過區議員選戰後，我再次造訪永田町[4]，最令我訝異的是大家對待我的態度跟之前完全不一樣。我還沒參選時，只是一介無名的陳情人士，之後許多媒體報導我參選和當選的消

4　該區域有國會議事堂、眾議院議長公邸、參議院議長公邸等，是日本政治中心樞紐。

息，我一到議員會館，不用自我介紹，就有一堆人認出我是誰了。不管走到哪裡，都會聽到別人恭喜我當選，有些人我根本不認識。

競選期間，我也接到幾名議員的鼓勵和慰問訊息，造訪那些議員的事務所時，大家也都熱情相待。

這跟參選之前差太多了，參選前大家都用異樣眼光看我，也不太願意理會我的陳情，這落差實在令人傻眼。但也多虧當選的光環，我才有機會造訪自民黨、民主黨、公明黨、自由黨、社民黨、共產黨、綠色會議黨的議員事務所。那一天得到了需要的訊息後，我再次召集「礼選部」，用那些訊息作為立法的基礎。

無知的傲慢

特別法成立後，根據「性別認同障礙者性別處理特別法（詳解）[5]」一書的歸納記載，政界推動議員立法的概要如下：

二月二十四日，自民黨重新召開「性別認同障礙研討會」，並於三月十日、三月十

八日持續召開研討會。

五月九日，自民黨議員立法促進委員會提出草案，該草案獲得一定共識，身為執政黨的自民黨將推動立法。

五月十三日，經過執政黨政策負責人會議的認可，設立了「執政黨性別認同障礙相關專案小組」（這一天我們終於獲得草案的相關資訊）。

五月十九日，第一次專案小組會議召開，草案內容也被媒體報導。該項草案的法律要件一經公布，尤其「無子條款」揭露後，性別認同障礙者的各大團體像炸了鍋一樣，無不吵得沸沸揚揚。無子條款是「大島三要件」外的附加條款，大多數性別認同障礙者主要也是批判這一條。眾人要求刪除草案中的「無子條款」，反對聲浪甚至壓過了對「手術要件」的批判。

不過，在五月二十三日召開的執政黨專案小組會議上，聯合執政黨也同意用這四大

5 南野知惠子參議院議員監修，二〇〇四年，日本加除出版。

要件來成立法案，當中也包含了「無子條款」。

當事人提出的訴求是，希望法案將已有小孩的性別認同障礙者納入救濟對象。對此，議員提出三年後重新審核救濟對象的方案，以尋求當事人認同，並期望沿用這一份草案在國會立法。[6]

我們在五月十六日探查到的訊息也差不多是這樣，專案小組會議內部的意見一致，毫無分歧。另一方面，我們造訪民主黨、自由黨、共產黨、社民黨、綠色會議黨的議員，那些議員一向關心「性別認同障礙者」的性別變更問題，但他們完全沒聽說這次議員立法的消息。

執政黨專案小組人士透露自民黨內部的狀況，我們聽了差點沒暈倒。提出這個法案的南野女士積極向黨內同志宣揚專案小組的構想，但有不少議員表示他們對人妖的議題不感興趣，根本不願意聽南野女士解說。到頭來，幾乎所有自民黨議員都不知道黨內有人要推動立法，甚至連「性別認同障礙」是什麼都不知道。他們沒聽過法律上的性別變更議題，也從沒想過有這樣的議題。自民黨法務部會的其中一名議員神情落寞地告訴我，南野女士在推動法案上四處碰壁。

是日，我向南野女士打聽黨內現況，南野女士只說，她會努力尋求黨內共識。當時自民黨內對性別認同障礙毫無認知，而且充滿偏見。要在這樣的狀況下尋求共識可謂難如登天。執政黨專案小組成員馳浩眾議院議員，就曾在自己的網路日記上說過立法的難處：

法務部會開始探討「性別認同障礙者的性別變更特別法草案」，眾人似乎多有誤解。有些人以為這是在探討同性戀結婚的議題，也有人反對破壞性別的藩籬。還有人批評，幹嘛替那些愛搞同性戀的傢伙立法。

看來人們對「性別認同障礙者」還是有根深蒂固的偏見，這是缺乏知識的緣故，在法案探討出一個結論前，下週再召開一次研討會，加深黨內同志的認知吧。

——「馳日記」，二〇〇三年五月二十一日

6 摘自《公明新聞》，二〇〇三年五月二十四日。

執政黨專案小組打算在六月十八日休會前確立議員立法的方針，但自民黨內的議論才正要開始。只剩不到一個月時間，國會就要休會了，一切卻才剛起步。

遊說國會

先從黨內審查著手

「礼選部」成員再次集合，首要之務是理解國會的立法過程及永田町這裡特有的規矩，畢竟要先了解對手，才有辦法擬定戰略。

大家聽到「立法過程」這幾個字，只會想到電視上轉播的國會議事畫面吧。事實上，多數法案在推上國會討論前，就已經在我們不熟悉的場合中決定立法成敗了。

法案究竟是怎麼決議的呢？正式立法過程是這樣的：首先，法案要送給眾議院和參議院的常任委員會審議，之後再決定是否送到國會。眾、參議院就是依照這一道程序審核法案。而執政黨自民黨的黨內審查，具有壓倒性的影響力。

根據自民黨官網的「架構圖」，黨內在討論某項法案時，會先由政務調查會的各部會進行研討，那些部會是對應各省廳的管轄業務設立的。以特別法來說，「戶籍」議題是法務省的管轄業務，因此由法務部會召開議論。

法務部會取得了共識，才會送到更上面的政調審議會討論，最後還要經過黨內最高層級的決策機構——總務會的洗禮。

這裡的關鍵在於，法案在每一個階段必須獲得所有委員認同。各會議表決之際，只要有一個議員不表認同，法案就有可能胎死腹中。送審共分三個階段，尤其總務會成員都是自民黨中「特別難搞」的大老，冷靜思考一下就會發現，執政黨專案小組的草案要在這三階段取得黨內共識，肯定會面臨極大的困難。

那些議員在自民黨內屬於思維比較保守的一派，光是妻子可以有條件不從夫姓的民法修正案，就多次在黨內審查階段胎死腹中。對他們來說，「戶籍」是神聖不可侵犯的東西，也是「家庭價值」的原點。我們得讓那些保守派議員了解，「性別認同障礙」未必等同於「同性戀」，性傾向和性別不符也不是個人性癖的問題。做到這一點後，還要讓他們明白「性別變更」的必要性，而且必須在幾週內說服所有議員。

在這樣不利的情況下批判草案內容，下場顯而易見。到時候草案會直接被撤銷，更遑論刪除不合理的要件了。

關注各黨動向

還有一點要考量，就是其他政黨的動向。

當時聯合執政的三大政黨（包括自民黨、公明黨、保守新黨），表明他們認同草案中的四大要件；至於民主黨、自由黨、社民黨、共產黨、綠色會議黨等在野黨，完全沒有反對相關立法的聲浪。在野黨一開始就認為應該廢除無子條款，甚至提出跟執政黨相左的意見，根據他們的說法，執政黨端出來的菜色沒道理叫大家硬吞。不過，我們並不希望特別法的相關議論，演變成朝野對立，否則新法大概短期內都無法成立。

誠如前述，法律制度的修正與廢除是在國會表決，但實際審議是在眾、參議院的各委員會。委員會又分常任委員會和特別委員會，特別法是由兩院的常任委員會審議，這裡指的常任委員會也就是法務委員會。委員會席次有限，各黨在委員會的席次，依照國會席次數量分配。各黨的「意志」會直接反映在委員會的討論上，換句話說，委員會的決議結果，基本上就是國會的決議結果。因此，審議關鍵在「委員會」。

萬一委員會審議特別法，陷入執政黨和在野黨對抗的局面，可能產生下列三種後果。

第一種是強行表決。然而可能性非常低，除了專案小組成員，大多數議員並不關心這個議題。要用強行表決煽動朝野對立，也要特別法有那個價值才行，但顯然特別法並沒有那樣的價值。

第二種是持續審議。執政黨和在野黨對「無子條款」看法分歧，持續審議也意味著法案討論不出結論，只好繼續「擱置」。除非情勢有變，不然一旦陷入持續審議，法案不會再被拿出來議論，因為再次議論還是會意見分歧。

第三種可能是自動廢除。執政黨和在野黨沒有共識，在審議無果的情況下結束會期。那一年的秋天就要舉辦眾議院大選了，也就是幾個月後的事，隔年夏天則要舉辦參議院大選。選後新科議員上任，我們又得重新尋求議員的認同。能否再次得到議員立法的機會，凝聚社會大眾關注，都是未知數。

換句話說，如果要求自民黨議員刪除「無子條款」，黨內審查基本上就沒戲唱了。反之，其他政黨反對「無子條款」的話，特別法也不可能通過法務委員會的審議過程。意思是只要探討到要件的內容，等著我們的注定是絕望的結果。如此一來，任何一個性別認同障礙者都無法獲益，更不可能刪除「無子條款」，議員們再也不會關心這個法案。所以反對到底根本沒有意義，頂多只是一吐為快、自我滿足罷了。

有些性別認同障礙者批評，為何要急著審議特別法？對於不了解國會複雜機制的當事人來說，這樣的意見也確實有一番道理。

起先我們也堅持要刪除「無子條款」，但在深入了解國會現況後，我們明白必須重新評估這個方針。經過審慎討論後，我們得出不得不支持執政黨草案的結論。於是，我們請執政黨議員按照草案推動立法，並請在野黨議員提出意見時，不要破壞立法的可能性。這是唯一符合現實的抉擇。

在「理想」與「現實」間，我們被迫做出艱難的決定。

權衡「理想」與「現實」

艱難的決定

憑良心講，我們並不認同草案當中的要件內容，但若這次議員立法受挫，就代表所有性別認同障礙者都會繼續被排除在社會制度之外。高談闊論誰都會，但我認為只有評論家才會這樣做，我們得在有限的時間內做出艱難的決定，成立特別法才是首要之務。

除此之外，我們還堅持夾帶一條「附則」，內容如下：

性別認同障礙者得以要求司法單位裁決性別變更之申請，唯性別認同障礙者之認定以及性別變更之審議制度，在本法律施行的三年後，應考慮法律的施行狀況，還有性別認同障礙者所處的社會環境變化，在必要時依照結果做出適當的處置。

——「性別認同障礙者之性別處理特別法」附則第二條

法律制定後，經常會用「附帶決議」的方式確保重新檢討的可能性，這是法條之外的附帶決議，由委員會負責執行，內容多半是對行政機構的要求，或法條運用的注意事項。然而，附則的效力比附帶決議更強。不消說，有附則不表示未來一定會修正法條，但直接在法條中留下一個重新檢討的機會，具有相當重大的意義。

我們並不認同執政黨專案小組的草案，只是在那個時間點上除了支持，也沒有更好的辦法。因此在遊說國會時，我們一定會提醒那些議員要加上附則，並在立法優先的大前提下，制定有效的行動戰略。

首先，我們依序拜會自民黨的法務部會、政調審議會、總務會，耐心說服這三大會的每一個委員。我們強調本次法案是由自民黨本身和其他執政黨主導，讓他們知道法案是南野知惠子議員率先提出，再由聯合執政的三個政黨專案小組，共同朝向議員立法的目標邁進。我們積極預約拜會的時間，哪怕議員只肯撥出五到十分鐘也沒關係。

多數專案小組成員也主動打電話幫我們疏通，還有人帶我們去見其他議員，對此真的非常感激。我們去拜託願意幫忙的議員，還有對立法抱持贊同態度的議員。在他們的介紹和引薦之下，終於見到了過去無緣一見的議員諸公。也有答應見面但對立法持保留態度的議員們，態度逐漸軟化。多虧專案小組的熱心協助，以及許多性別認同障礙者的努力，有越來越多議員贊同立法。

同時，我們積極遊說在野黨，希望在野黨堅持法案夾帶附則，並支持執政黨的草案，最好是能把這兩點當成黨團方針執行。否則，萬一在法務會議上雙方意見分歧，再好的反對意見也將流於空談。相信那些在野黨議員也明白，這樣做不會有任何成果。當然，我們也沒有忘了告訴那些議員，在立法後要重新審核法條內容。幸好多數議員也明白這個法案不能成為執政黨和在野黨鬥爭的工具。

我們一方面遊說議員，一方面積極拉攏媒體。我們有不少媒體朋友，有人花了好幾年時間採訪這項議題，也有人看到我出來參選，對我們的努力表達認同。提升議員的關注固然重要，媒體的影響力也不可小覷。

多數立法運動都有用上「院內集會」手法，這是一種串聯國會和媒體影響力的有效方法。簡單說，就是到國會議員會館借一間會議室召開記者會。召開記者會有宣傳立法運動的效果，又能呼籲其他媒體和議員共襄盛舉。實際上，在議員出入的環境召開記者會很有話題性，參加的議員也不少。

我們在五月二十七日，還有特別法成立的七月十日舉辦院內集會。第一次院內集會是要呼籲眾人一同協助立法，第二次則是要點出法案成立後的問題。許多媒體人士也想方設法幫忙，偶爾還會帶來新消息，督促立法進程，提供我們必要的協助。我很感謝那些媒體朋友的付出。

我們在五月二十九日、六月三日、六月九日，分別參加社民黨、自由黨、共產黨法務部的會議。每一場會議只是單純統合黨內意見，沒有與執政黨對立的可能性。

接著，我們拜會參議院法務委員會的每位成員，請他們將法案交由法務委員長裁決。委員長裁決實質上可以繞過審議程序，是最節省時間的作法。因為法務委員會是由各黨代表組成，我們擔心各黨派意見分歧，在會期結束前都審不出結果，所以才想透過「委員長裁決」這個方法。

六月十日，自民黨的法務部會同意法案內容，十二日的政調審議會和十三日的總務會也是相同結果。不料後來伊拉克特別處置法引發國會紛爭，執政黨和在野黨針鋒相對，特別法好一段時間都無法排入議程，令人捏了一把冷汗。

六月十七日，三大執政黨強行通過會期延長四十天的議案，要不是會期延長，特別法就注定胎死腹中了。

七月一日，參議院法務委員會一致同意，將「性別認同障礙者之性別處理特別法」納為委員會提出的法案。法案在七月二日於參議院的正式會議上通過，提交眾議院審議。

七月九日，眾議院的法務委員會通過法案。眾議院的委員會審議同樣採用委員長裁決，不需經過釋疑和議論程序，但對於今後法案修正一事，法務委員長發表了特殊聲明：

方才通過的「性別認同障礙者之性別處理特別法」相關法案，本席將代表委員會發言。

性別認同障礙者得以要求司法單位裁決性別變更之申請，唯性別認同障礙者之認定，以及其他相關問題，將在本法施行的三年後重新檢討。本委員會在此聲明，會誠摯改善性別認同障礙者遇到的各種問題。[7]

隔天七月十日，法案上呈議會正式審議，陪我一路走來、四處陳情的好友也跟我一起旁聽下午一點召開的眾議院會議。這次大力推動議員立法的南野女士，也在遠處的議員旁聽席上。

一點二十五分，法案終於要交付表決。由於沒有任何反對者，故採用簡易表決。議長詢問大家有沒有異議，會場內的議員齊聲高喊沒異議，特別法就這麼成立了。

特別法終於成立了，我在國會議事堂的走廊找到其中一位好友，慰勞她的辛苦付

7《第一五六屆國會眾議院法務委員會議議事錄》，第三十一號，二〇〇三年七月九日。

出。那位好友從我參選以來就一直陪我同甘共苦。那一刻，好友壓抑了幾個月的情緒當場潰堤，整個人癱坐在走廊上哭泣。我摟著她的肩膀，淚水也溢出眼眶。

拜訪關鍵人物

通常法案都是由眾議院提出，再交由參議院審理，但「性別認同障礙者特別法」不同，是先由參議院提出再行審議。這段期間我見過許多議員，現在回過頭看，我跟參議院自民黨幹事長青木幹雄（現為參議院自民黨議員會長）碰面，算是最關鍵的一場面談。

當時，青木議員被視為「意見審查人」，據說只要青木議員贊成的意見，都不會有人反對。聽到這個消息後，我決定無論如何都要見青木議員一面。問題是該怎麼見他呢？我到處拜託國會議員，卻沒有人願意引薦。

這時候，綠色會議黨的中村敦夫參議院議員幫了我一把，在我決定角逐區議員時，他也推薦我出來參選。中村先生答應我的要求，趁參議院正式會議的休息時間，上前向青木議員攀談，替我們預約到了面談的時間。

我在自己的日記裡，寫下拜會青木議員的那段經歷：

面談時間只有五到十分鐘左右，在中村議員和事務所祕書的帶領下，我走在國會裡的紅地毯上。天花板挑高的走廊，還有兩側厚重的大門，都是電視上熟悉的景象。

一行人前往參議院自民黨的幹事長室，首先來到一座相當於三個房間大的廳堂，空間大到幾乎可以舉辦派對。穿越大廳堂後，又經過裝潢奢華的祕書室，才進入青木參議院幹事長的房間。我整顆心都放在遊說上，情緒又過於緊張，根本想不起來青木議員所在的房間是什麼樣子（苦笑）。

在中村敦夫議員和南野知惠子議員的陪同下，我言簡意賅地拜託青木議員居中協調黨內意見。

另外，關於法條的四大要件，我也希望未來站在當事人的觀點重新檢討內容。青木議員答應幫忙協調黨內意見，此行我也算是得到了一個保證。最難能可貴的是，今後的相關問題青木議員也樂意幫忙！天啊、真是太感謝了！

俗話說，越飽滿的稻穗垂得越低。這是在形容真材實料的人往往很謙虛，青木議員對待我這個新科區議員也非常溫和有禮，令我不勝惶恐。嗯，看來我得多學著點了……

——「上川流！一期一會日記」，二〇〇三年五月二十八日

結束面談後，我們到議事堂內的餐廳喝茶休息。中村議員說，青木議員都答應幫忙了，立法一事肯定十拿九穩。當晚，我去拜會自民黨專案小組成員，大家笑容滿面地歡迎我，他們說我去見青木議員是正確的決定。

青木議員的影響力非同小可，他贊成立法的消息一傳出，原本我們拚命遊說也不肯贊成立法的議員，態度都有了一百八十度的轉變。

特別法成立後，有一次我參加某場研討會，一位知名的法學家兼哲學家對這件事發表如下評論：「掌握住一件事情的關鍵和要點，就某種意義來說是理所當然的道理，但要真正做到這一點，才有辦法成功。」

理解的關鍵——說服議員

從二〇〇二年底正式向國會陳情，一直到二〇〇三年七月立法成功這段期間，我們拜訪過所有派系的議員，人數大約有一百人。

在我參選前就願意見我的差不多只有二十人，其中願意多花一點時間了解我們難處的議員，大概連十個都不到。我們去議員會館大部分的時間都在叩門打招呼，出來應門的祕書頂多花一、兩分鐘聽我們說明，收下提供的資料。

我們希望多累積一點人脈基礎，因此拜託出來應門的祕書給張名片，但很多事務所的祕書連這點要求都拒絕了，我們提供的資料也不曉得有多少議員看過。平心而論，我個人是很懷疑拜會效果的。

況且，實際見到議員作用也不大，大部分議員的反應都很冷淡。有的議員對我們的訴求非常訝異，整場對談就在尷尬的沉默中結束。也有議員敷衍了事，只說了一句會深入研究相關議題。有一次，我對某位議員訴說我等的困境，離去前，那位議員還叫我多多加油，聽在耳裡很不是滋味。我心想，我們都已經這麼努力了，你還要我怎樣？說穿了，你們根本不當一回事。我不需要空口白話的支持，我們辛苦去拜訪議員，就是要得到實際的幫助。

相對地，民主黨的家西悟議員不但分享他的意見，鞏固我參選的決心，甚至還花了兩個半小時聆聽我們生澀的說明。他憑著自身的經驗，告訴我們許多思考未來方向的啟示。家西議員送我們離開時，表示立法也許要花上一段時間，但他願意陪我們一起努力。那句「願意陪我們一起努力」，真的讓我好開心。

社民黨的福島瑞穗議員聽了我們的訴求後，苦笑著說，這是她近來難得贊同的法案。她還答應會同意執政黨的草案，以避免這件事淪為政治鬥爭的工具，立法後的修正她也會出一份心力。

特別法成立後，自民黨的後藤博子議員（現為國民新黨成員）噙著淚水恭喜我們，讓我銘感五內。一句微不足道的話語帶來了立法的希望，不是每個議員都冷漠無情。

南野女士身為一個政治家，也是執政黨專案小組的一員，她是最先關切「性別認同障礙」議題的人，而且身先士卒主導立法。以下是她對立法過程的回顧：

本來我預期法案會遭遇重重困難，沒想到最後卻以驚人的速度完成立法，這帶給我很大的感觸。一開始，我邀請其他議員共同探討這個議題，大多數議員根本不屑一顧，還說他們對人妖的事不感興趣。而今立法的時機成熟，我們得以順著潮流制定法案，真是很幸運的事。尤其，執政黨議員提出立法，一旦失敗就很難再次提案。在諸如此類的壓力下，法案本身又有許多爭議性，要精確安排法案的提出時機，並成功推動立法，有非常高的困難度。從這個層面來看，立法成功真的是時勢所趨。

——性別認同障礙者性別處理特別法（解說）

立法後，未完成的課題

有待改善的要點

二〇〇三年七月十日，「性別認同障礙者特別法」成立。法案公布一年後，終於在二〇〇四年七月十六日正式實施。從實施到二〇〇五年底的這一年五個月，適用特別法變更戶籍性別的共有三百二十六人。

二〇〇三年六月，最高法院駁回「性別認同障礙者」的戶籍性別變更，但現在，性別變更開闢出了一道門路，也算是劃時代的改變了。

當然，現行的特別法還有需要改善的地方。誠如前述，法律訂下的「分界」標準超乎想像的嚴苛，每一個當事人都無法欣然接受，有待可善的要點多如牛毛。

性別變更必須滿足以下幾大要件：

1. 經多位醫師診斷為性別認同障礙者。
2. 年滿二十歲。
3. 尚未結婚。
4. 尚未有小孩。
5. 本身無生殖能力，或動手術後失去生殖能力。
6. 性器官外形要接近自己期望的性別。

滿足這些條件的性別認同障礙者並不多，條文規定法案施行三年後要重新檢討，今後我們要努力改善以下幾個要點：

首先，法律不該排除有小孩的性別認同障礙者。一九九六年七月，埼玉醫科大學探討「變性手術」一事被媒體報導，性別認同障礙的概念在日本才廣為人知。在此之前，許多當事人害怕被社會歧視，只好努力適應自己的生理性別。因此，結婚生子的性別認同障礙者不在少數。

再怎麼努力，也不能改變已有小孩的事實，時至今日還有人堅信，變更性別會破壞親子關係和家庭倫理，影響到小孩的幸福。事實上，不是每個家庭都不能接受這樣的例子。更何況不少身為家長的性別認同障礙者，已經接受賀爾蒙療法和其他治療，外觀和生活方式早就與戶籍性別不符。勉強他們保持原來的戶籍性別，反而會讓小孩的權益受影響。

日本律師聯合會在特別法成立時，也有發表意見書。意見書中特別提到，應該把無子條款改成「不影響小孩福祉」才對。特別法不該排除有小孩的性別認同障礙者，而是要配合個別的家庭狀況做處置。

再來，「性器官外形要近似自己期望的性別」的要件也大有問題。同樣是「性別認同障礙」，對生理性別不適應的程度卻因人而異，就連無法接受的點都不一樣。不是每個人都想動手術，動手術對身體的負擔也很大。有的人健康狀況不允許，把手術當成必要條件未免不通情理。況且，國內的性別重置手術費用高昂，又不適用健保，從男性轉化為女性要花一百多萬元，從女性轉化為男性則要花四百五十萬元。偏偏社會保險制度又卡了一道性別登記的門檻，性別認同障礙者很難錄取正職工作，籌措手術費用對他們是極大的負擔。

日本診斷出的「性別認同障礙者」大約有五千人，但國內合格的手術機構才五家，有資格動手術的也才一百人（以二〇〇七年一月為準）。醫療機構不足，手續又過於繁複，許多當事人不堪久候，乾脆前往海外動手術。所以，法條應該配合個別狀況作出更靈活的判斷。

「性別認同障礙」的概念逐漸普及，越來越多人沒經過醫生診斷，就認為自己是性別認同障礙者。然而，這種對號入座又想馬上動手術的風氣，我個人頗不以為然。我在前面也提過，我自己經歷過漫長的性別轉化，最後才決定動性別重置手術。從本質上來說，我們不該為了迎合法律要求，或迎合社會的性別觀念而改變身體。活出自己的風格，享有公平的權利和義務才是我們真正該追求的。

特別法的彈性空間

特別法剛成立時，也有出現一些匪夷所思的批判，最具代表性的有以下幾點。例如，有人批評特別法一開始就不打算照顧人妖；透過海外或國內非正式管道動手術的人，沒辦法變更性別；且全國的「專業醫生」不滿十人，提交給裁判所的診斷書卻非得由這十個人來寫。這些不安被過度渲染誇大，因此我想談一下法案施行後的現況，來破除大家的不安。

首先，特別法並沒有排除以「人妖」為業的人士。實際上，司法單位也有核准許多類似的案例變更性別。很多當事人受到社會偏見打壓，只好從事特種行業維生。因此早在二〇〇〇年，自民黨召開的性別認同障礙研討會上，就已經有說不能排除這些人了。

至於前面提到，有些人在國外接受治療，拿到的診斷書也不是「性別認同障礙」的專業醫生開立的，這些人也有變更性別的權利。比方說，特別法實行四個月後，藝人旋轉木馬麻紀女士的性別變更申請就通過了。她在一九七三年前往摩洛哥動手術，替她動刀的醫生也去世了，開立診斷書給她的也不是「性別認同障礙」的專業醫生。正確來說，接受「正式醫療」的性別變更申請者，只佔了核可案例的三分之一不到。

雖然大家對特別法施行的成效感到不安，但我個人的感覺是，法條在實際運用上算是相當有彈性的。

舉例來說，法條和有關單位公布的行政命令，並沒有明確記載什麼樣的性器官形狀才算「符合」當事人期望的性別。就以女性轉化為男性的案例來說，體內性器官摘除後會失去生殖能力，施打男性賀爾蒙後，陰核也會像陰莖一樣肥大。有些案例就是符合這兩點，經醫生診斷「性器官外型符合期望之性別」，便通過性別變更的申請了。男性轉化為女性的案例也差不多，裁判所不會審核當事人有沒有人工陰道。陰莖和陰道成形手術，對經濟和健康的負擔很大，現在也不是必要條件了。

精神科醫生針間克己是「性別認同障礙」的專家，截至二〇〇六年七月三十一日，他替性別認同障礙者開立的診斷書，有四十六件通過裁判所的性別變更審核，其中女性轉化為男性的有十六例，其中又有七例接受過子宮卵巢摘除手術、八例除接受子宮卵巢摘除手術，還接受了尿道延長手術和陰核陰莖成形手術；剩下一例則是接受子宮卵巢摘除手術和陰莖成形手術。對於「性器官外形要近似自己期望的性別」這個要件，裁判所的判決算是相當靈活。

針間先生的統計結果還顯示，從男性轉化為女性的三十個案例中，有五例在動手術前沒有接受精神科醫生診斷，另外還有七例只接受過一名精神科醫生的診斷。而特別法中有規定，為了做出精確診斷，至少要有兩名具備專業知識和經驗的醫生，遵循普遍認可的醫學見解做出一致的診斷。可是，就算當事人前往海外動手術，沒有接受精神科醫生診斷，只要事後有數名醫生見解一致，還是可以變更性別。

在檢討法條的過程中，許多專業醫生和性別認同障礙者不斷呼籲要重視「當事人的多樣性」。實際制定出來的法條，某種程度上也有顧慮到這一點。提交給家庭裁判所的診斷書格式，是按照厚生勞動省的政令製作，診斷書內容也有跟性別認同障礙者討論過，並採納大眾的意見。這都要歸功於法條制定時，有不少醫生和法學家站在性別認同障礙者的角度提供意見。當然，當事人的熱情參與和議員的諒解，還有法制局的努力也功不可沒。這是我想要特別申明的。

第五章

微弱的吶喊——看見弱勢族群的需求

讓社會聽見弱勢的聲音

人口八十四萬的「地區」

我居住的世田谷區，人口有八十四萬一千三百九十九人（二〇〇七年國勢調查資料）。除了政令指定都市[8]，這裡是全國人口最多的「地區」。

世田谷區最大的特徵在於這是一座住宅都市，有許多深耕當地的商店街，但沒有主要街區。饒是如此，下北澤和三軒茶屋有不少充滿特色的商店，一向是大家最想居住的東京區域之一。在東京二十三區中，世田谷區的大學數量最多，大學、短期大學、學府加起來共二十二間，學生人口也很可觀，不少其他選區的國會議員也住在這裡。在一般人心目中，世田谷區是綠意盎然的宜居之地，可惜集合住宅不斷增加，綠地有減少的跡象。

根據二〇〇六年的居民觀念調查，土生土長的世田谷區居民才佔百分之二十八。這裡的人口流動率極高，每年有百分之八的人口交替流動，當地出身的區議員更是不到一半。區內有六座大使館、一座領事館、兩間國際學校，如今外國籍居民也有約一萬四千五百人。

世田谷區的人口頻繁流動，是一座持續吸收嶄新文化的活潑城市。這裡的社會福利制度也相當先進，區內的光明養護學校、青鳥養護學校，都是國內歷史最悠久的身障兒童學校。區內北部的都立松澤醫院，也是精神醫療的一大據點。

一九九五年，世田谷區比東京其他區域更早制定條例，推動無障礙道路、無障礙公共設施、無障礙民間建築。之後條例經過多方修正，世田谷區依舊保有最頂級的市容。這片土地的居民也熱衷參與政治活動，還會提供各種政策建言。

在我當選時，不少人跟我說，幸好我是參選世田谷區的議員。坦承自己是「性別認

8 在日本的都道府縣中規模較大的都市，擁有較多自治權。

同障礙者」還能當選，全賴這座城市兼容並蓄的風氣。只不過，如此美好的世田谷區，也有很多問題留待解決。在這座城市中，少數族群的需求和聲音仍會被埋沒。

聆聽微弱的吶喊

我在第一章也有提到，「讓社會聽見弱勢的聲音！」是我從政的口號。我們不能只看社會的表面，就自以為了解這個社會。不是只有我們聽得到的聲音，才代表人民的聲音，有時候我們得懷疑自己的「常識」，才能真正明白人民的需求。我之所以會這樣想，主要是我本身就違背「常識」，也吃足了苦頭。不受制度保障的人，連要說出自己的煩惱都有困難，這才是我從政的原點。然而，我純粹是性少數族群，其他方面跟多數人沒兩樣，因此我得懷疑自己的常識，才能發現其他被埋沒的聲音。

乍看之下，這個社會各方面都很均衡，實際上有多少弱勢族群被埋沒猶未可知。身為一個議員，我期許自己永遠牢記這一點。很多議員只會等待人民主動發聲，我不希望做一個只會等待的議員。從政以來，我一向主動去發掘沉默的聲音。

我試著去揭穿「常識的假象」，也請各位把這一章的內容當作我的成果報告。這些都是我當上議員後特別關心的議題。一個「區」其實就是社會的縮影，相信各位身邊也有被迫沉默的弱勢族群。

首次站上質詢臺

日本的議會是以派系制運作，所謂的「派系」是指有共同想法、在議會內步調一致的團體。有些政黨本身就是一個派系，也會有游離勢力聚在一起的情況。我個人有收到各方派系的邀請，但我還是決定「一人成派」，也就是以無黨派的地方議員身分從政。派系名稱就叫「彩虹世田谷」，彩虹象徵多元性，我取這個名字，是希望每個人都能彼此尊重。

區議會的質詢是採事前通告的發言制度，意思是得先告知自己要提什麼問題。我的質詢時間只有十分鐘，很多議會根本不給少數派系發言機會，幸好世田谷區議會講究公平公正的理念。經過抽籤後，我將在六月十二日下午，第一個進行質詢。

我事前告知的質詢內容有以下兩大項：

1. 提供行政資訊給母語非日文的居民。

2. 刪除官方文件上不必要的性別登記欄位。

我研究了公家機關提供的大量文件，我認為，為民喉舌的啟示應該就隱藏在生活環境中。別的不談，公家機關提供的資料就沒談到「性別認同障礙」，一定有很多問題是其他議員和公務員沒有發現的。

決定參選後，每到公家機關辦事不免有個疑問：為什麼公家機關內部的導覽幾乎都是日語？過去我有在海外生活的經驗，我很清楚無法用母語辦理行政手續會造成諸多不便，當事人也會非常不安。我決定深入了解這個問題。

在質詢前，我調查了各公家機關的導覽情況，包括世田谷區官網使用的語言及導覽人員的外語對話能力。以及外籍居民的國籍概況，乃至他們上門諮詢的人數，還有區議會至今探討過的相關議題，也在我的調查範圍內。結果發現世田谷區的行政單位在提供外語訊息上有不少問題。除非前往外國人專用窗口，否則無法獲得服務。

我也想提出性別欄位的議題，畢竟那與「性別認同障礙」大有關聯。當時，「特別法」有望上呈國會，這也代表各政黨支持立法。既然如此，我得趁這機會點出地方政府有待改進的部分，要求各單位積極處理。

六月十二日，終於到了我初次質詢的日子，我在與會前向自己喊話不要緊張。到了議場後，響起了午後會議召開的蜂鳴聲。旁聽席上有四臺攝影機，還有好幾位記者。我還來不及冷靜下來，議長就宣布會議開始，並指名我登臺質詢。

我舉手回覆指名，起身走到講臺上，先向議長還有底下的議員一鞠躬，接著深呼吸一口氣，開始質詢。

我看著手上的質詢講稿發言。不可思議的是，我的心情慢慢恢復冷靜，仔細而明確地傳達我的議題，要讓大家感受到我的意志。結束了將近八分鐘的質詢，我一回到座位上，就換公家機關派來的人答辯。部長和助手答應會做出具體改善，答覆內容相當正面。他們答辯完後，我還可以在自己的位子上質詢兩次。我善用這兩次機會，在十分鐘內總結發言。

「妳的反應很沉著呢。」「講話井井有條，不錯喔。」「得到不錯的答覆呢。」——聽到其他議員正面的評價，我也終於放心了。

議會結束後，我在區公所中庭接受ＮＨＫ採訪，又去電視臺參加直播錄影，把我今天質詢的用意表達出來。晚上，曾幫我競選的幾位朋友來到辦公室。有個朋友偶然看到傍晚的直播，還笑著對我說出感想。

「我嚇到差點拿不穩手上的杯子。妳表現得很好耶，有一股驚人的氣勢。」

其實，我只是在攝影機前，盡量發揮死豬不怕滾水燙（？）的精神罷了。在危急關頭激發潛能大概就是這麼回事吧，我的議員生活就這樣開始了。

盡了義務、卻難享權益的「外國人」

我在初次質詢提到外國居民的問題時，世田谷區的外國人登記人口約有一萬五千六百人，佔總人口的百分之二。這些人跟我們住在同一區，同樣有繳納稅金，也有加入國民年金和國民健康保險，只是國籍不一樣而已。區立的中小學也有外國學生，我認為盡量公平地對待這些人，是基本的做人道理。

對不擅日文的外國居民來說，公家機關和行政服務的體系實在很不親切。閱覽公家機關網站是目前獲得行政資訊最簡便的方法，可是打開世田谷區官網，上面只有刊載英語新聞，還有幼稚園和看護保險的英語導覽。按照外國人口的登記資料，講中文和韓文的居民也不在少數，但完全沒有提供相關資訊。

前往公家機關登記身分是外國居民的義務，結果辦理手續的說明只有日文。而公家機關舉辦的「外國人諮詢服務」，還有前往公所的地圖導覽也只有日文。即使外國人成功抵達公所，入口的導覽看板也沒有外文，大廳導覽員也不見得具備外語能力。電梯和各樓層的導覽看板，還有每個單位的名稱也都是用日文標記，這樣看不懂日文或不太會說日文的人，要如何前往必要的窗口辦事？

另一方面，我也調查了外國人諮詢的實際案例。外國人最關心的是「外國人身分登記」事宜，共有七百四十六件。其次是「生涯學習」問題，共有五百二十四件，參加學習活動有助於他們找到夥伴。再來是「國民健康保險」問題，共有三百二十五件。稅金相關問題共有兩百八十五件，「戶籍」相關問題則有兩百五十九件。

這份資料如實反映外國人在生活中碰到的難題，以及他們需要哪些資訊。然而，公家機關並沒有活用這份資料，公家機關輕忽少數族群的態度，可見一斑。

我在初次質詢點出這些問題，各單位負責人也承認缺失，並答應推出改善方案。從那以後，公家機關的主要導覽內容都有英文標示。導覽人員接受了英語教育，官網也新增了英文、中文、韓文版網頁。

後來在區議會上，我要求公家機關改善英文版「區域公告」，跟日文版宣傳刊物相比，英文版幾乎都是觀光導覽，很少提供生活資訊。一般日文版的「區域公告」為八頁小報，每月發行三次，但英文版的「SETAGAYA」只有四頁，每月發行一次，而且過去一年都是當地特色介紹，好比岡本公園的新年景象、冬季的跳蚤市場、區立公園的梅花祭典等，內容偏向國際交流，外國居民可以利用的免費健康診斷等服務，幾乎沒有介紹。

最糟糕的是，諮詢只能使用日文，英文版內容有限也就罷了，諮詢只能用日文實在沒道理。公家機關完全沒有雙向溝通的技巧和誠意，幸好之後改善不少，有利外國居民的訊息也增加了，諮詢窗口也不會強迫外國人用日語。

不過，類似問題很難根除，因為我們沒有足夠的基礎資料去掌握外國居民的需求。公家機關制定政策的基礎資料是「居民觀念調查」，而調查對象是從住民基本臺帳[9]抽選。曾有地方政府替一隻不小心跑到河裡的小海豹取名字，甚至頒發住民票給牠，但日

9　該區域全體居民的個人紀錄資料。

本不會給外國人住民票，所以「居民觀念調查」看不到外國居民的需求。世田谷區對外國居民做的觀念調查也只持續到一九九二年，這些外國人是沒有參政權的。

有些地方政府會召開外國人會議來彌補制度上的缺陷，但包含世田谷在內的多數地方政府，都沒有這樣的架構。

事實上還有人嘲笑我，改善外國居民的行政待遇是拉不到選票的。我認為這種想法非常要不得，以我個人為例，過去性別登記所衍生的問題害我無法行使參政的權利，但我比誰都需要政治力的幫助。

今後，地方政府不得不去思考，如何廣納外國居民的意見。

對困境難以啟齒的「造口者」

所謂「造口者」，是指人工肛門或人工膀胱的使用者。隨著人口高齡化和飲食西化的狀況加劇，癌症患者也增加了。大腸癌和膀胱癌患者一旦切除肛門和膀胱，就得在腹部開設人工「造口」，改變排泄的途徑。換句話說，造口者就是身上有人工造口的人士，我有朋友罹患過大腸癌，這個議題我也略有關注。

據說，國內的造口者有二十萬到三十萬人不等，但這種殘疾隔著衣服看不出來，屬於一種「隱性殘疾」。現在醫學技術日新月異，罹患大腸癌能保住直腸的機會也增加了，但罹患大腸癌的人越來越多，國內的造口者每年都在增加。

開設造口後，當事人感覺不到尿意或便意，也無法控制大小便，這時就要用一種叫「造口袋」的東西，連接在腹部造口上承接排泄物。造口袋是以醫療用的特殊黏著劑接合，但當事人會流汗，排泄物也含有水分，時間久了就容易脫落。

根據衛生用品大廠的調查，有七成以上的造口者外出時，必須處理身上的造口袋，更有半數的人在外出時排泄物外流，不得不換掉身上的衣物。出門在外，衣服髒了不可能不換。所以，人工造口者的專用廁所得備有清洗腹部和造口袋的洗淨臺，還要有足夠空間讓當事人替換衣物，並另外安裝造口袋專用的鏡子及吊掛衣物行李的掛鉤。

根據世田谷區的身障者統計資料顯示，區內的造口者約有七百人。但經過我實際調查，在我質詢相關議題的階段，區內造口者的專用廁所只有兩間，都在民營鐵路小田急電鐵的車站內。排泄是維生的基本需求，七百人只有兩間廁所可用，不難想像這是多大的不便。

由於現階段沒有專用廁所，就只好使用既有的廁所。我很好奇那些造口者如何解決排泄問題，因此聯絡日本造口術協會，和世田谷內的兩位造口者碰面。他們訴說的經歷帶給我很大的衝擊，也令人痛心。

造口袋若出了什麼問題，當事人只能跑到附近廁所，用很不舒服的姿勢拆下造口袋，把排泄物沖到馬桶裡，有時候還得用馬桶水洗淨身上的髒汙。很多人乾脆避免外出，或在外出前限制飲食。造口者多半是老年人，老人家又不希望排泄問題被旁人發現，有些人甚至不願意收到造口協會提供的會報。

日本一直到八〇年代後，才開始重視造口的照護與復健問題。現在各大醫療設施都有專業的「ET護理」（造口療法士），但過去接受造口術的人，得不到充分的照護建議。

世田谷區的造口者也只有一小部分有加入造口協會，區內肯定有不少當事人，連自己被稱為造口者都不知道。一想到他們可能在區內孤立無援，我就很感傷。在人生的道路上身患殘疾，是一件很難接受的事。要在社會上喚起關注，呼籲大家正視這個問題就更不容易了。也難怪大部分的老年造口者，都無法訴說自己的排泄問題。

世田谷區共有七百多座區立設施。可是根據調查，這七百座設施竟沒有一處設立造口者的專用廁所。我在議會要求有關單位設立造口者專用廁所，那一年區公所才改建了三座廁所。後來我調閱新建的公共設施藍圖，逐一要求每座設施增設造口者專用廁所。公家機關一定要有人盯才肯乖乖做事，如此被動實在令人火大。於是，我直接要求建築條例上，要把造口者專用廁所當作標準設施。二〇〇六年四月起，區內面積超過五千平方公尺的新建築物，包含有公共空間的民間建築物在內，都要按照條例增設造口者專用廁所。

我提出這個議題後，公家機關的職員才終於說出他們親友的故事。有些職員的子女也安裝過造口袋，還有職員自己就是造口者。想不到我身旁有這麼多無聲的弱勢族群，令我深感驚訝。

造口者就在我們的身邊，只是我們沒注意到罷了。或許在日常生活中，你我都會遇到有這種困擾的人。

被不合時宜的政策遺忘的單親家庭

根據厚生勞動省的人口動態統計，二〇〇二年日本的離婚案例超過二十九萬，創下有史以來最高記錄。離婚人口增加，單親家庭也就越來越多了。

單親家庭有分母子家庭和父子家庭，日本的單親家庭支援政策，主要源自於二戰後的寡婦支援政策，現在的支援政策仍受舊時代的政策影響，特別偏重母子家庭的照護。支援政策的基礎是兒童扶養津貼，但這種津貼只提供母子家庭，父子家庭不得受領。

近年來，日本的社福政策面臨極大改變，生活保障制度還多了「自立輔導程序」，「身障者自立支援法」也正式實施，身障者利用各項社會福利，原則上必須自付一成的成本。政策方向從「給付」轉變為「自立」，從「中央管理」轉變為「地方裁示」。

在財政緊縮的狀況下，給付和自立的支援政策並行，乍看之下並無不妥。可是，國家刪減了各地的給付額度，提示了自立輔導項目，但自立輔導項目要實施多少，卻交由各地方政府自行決定。換句話說，你住的區域有多少社會福利，端看地方政府的財力和判斷。

有鑑於此，最近政府也開始重新檢討母子家庭的支援政策。二〇〇二年八月後，兒童扶養津貼的分配管理由中央移交到地方政府手上，並依照當事人的所得高低，細分刪減的額度。同年十一月，「母子家庭暨寡婦福利法部分修正法」成立，二〇〇八年四月後，兒童扶養津貼會變得更少。

二〇〇三年三月，政府公布了「母子家庭暨寡婦福利支援基本方針」，地方政府要努力遵循以下三大步驟，來輔導母子家庭自立更生：第一，詳細掌握區域內的單親家庭狀況。第二，根據掌握的資料訂立自立輔導計畫。第三，實施具體的自立輔導方案。然而，這份公告只提出「方針」，沒有明定地方政府的義務規範，要不要採用也全看地方政府。

二〇〇四年十二月，我在區議會上提出單親家庭的相關問題。當時，中央提出那一套基本方針已經過了一年九個月。

世田谷區的狀況

二〇〇三年四月當選的現任區長，將兒童養育視為重點政見，還設立了「兒童部」，改善行政單位間的溝通協調體制，但部會中完全沒有單親家庭人士參與。我在區議會質詢，行政機構也不清楚中央的「母子家庭暨寡婦福利支援基本方針」，連自立輔導有哪些項目都一問三不知。

比方說，中央有提出一個具體的自立輔導政策。二〇〇三年四月起「母子家庭自立輔導給付金」開始實施，凡是參加職業教育訓練者，政府將提供部分學費補助；準備考取證照的就學者也可以領取部分生活補助。補助款由中央負擔四分之三，地方負擔四分之一，東京都內的七區一市都已正式實施，包含世田谷區旁邊的目黑區和杉並區。然而，世田谷區絲毫沒有著手進行。

我在區議會上提出三大要求，第一是按照厚生勞動省的告示，對區內的單親家庭狀況進行調查，第二是制定本區專屬的自立輔導計畫，第三是提供母子家庭的自立給付。

這三大訴求提出後，公家機關才正式編列預算，終於在年底調查區內的單親家庭狀況。這一次調查發現了下列幾個問題，我們才明白區內的單親家庭處於多不利的局面。

1. 區內單親家庭和親人同居的比例，比全國平均低十個百分點以上。
2. 單親家庭的家長屬常規雇用者的比例，比全國平均低八個百分點。
3. 單親家庭的家長年齡四十歲以上的比例高達六成，跟全國平均相比也特別高。

調查結果一經公布，地方政府立刻成立檢討委員會，商討具體的改善措施。二〇〇五年十一月起，在中央提出的母子家庭支援政策中，先行實施「自立輔導教育訓練給付」；二〇〇六年四月，提供「高等技能訓練促進費」，幫助單親家長考取證照，獲得更穩定的工作。總之，情況有了很大的改善。

質詢完畢後，我收到某個單親家庭的來信，也見了好幾名單親家長。事實上，她們多次向公家機關請願，希望盡快導入母子家庭的自立輔導給付。沒想到辦事窗口的職員根本不曉得中央準備的支援方案，她們每次請願都得重新說明一次。還有人跑去找區內的母子自立輔導員商量，對方竟然回答，就算世田谷區引進輔導給付制度，也不是每個人都找得到好工作。

也有單親媽媽就讀區內的看護學校，打算培養一技之長，卻因為住的地方不同，享有的行政支援也大相逕庭。那位向我陳情的單親媽媽，住在世田谷區沒有得到補助，而住在其他區的單親媽媽卻享有補助。

地方遵從中央的方針刪減給付額度，自立輔導卻毫無準備，這點確實難辭其咎。根據中央調查，二〇〇四年度共有三百二十七處的地方政府，實施自立輔導教育訓練給付措施（佔全體的百分之四十二）。另外還有兩百五十二處的地方政府，實施高等技能訓練促進費給付措施（佔全體的百分之三十二）。光是居住的地方不同，單親家庭的經濟負擔也完全不一樣，這種造成「區域差別待遇」的制度顯然大有問題。

更嚴重的問題在於政府對父子家庭的援助太少。誠如前述，日本的單親家庭支援政策深受舊時代政策影響，而在高度成長期，人們也習慣了「男主外，女主內」的思維，因此父子家庭的支援政策從來沒有真正改善。父子家庭領不到兒童撫養津貼，母子福利金和女性福利金等優惠貸款制度，父子家庭也同樣享受不到。

的確，跟母子家庭比較起來，父子家庭的平均收入較高，但這純粹是平均數字，不代表每個父子家庭都是如此。

根據前面提到的區域調查資料，有一半以上的父子家庭最大的煩惱就是經濟問題，顯見父子家庭迫切需要具體的支援政策。面對這種不公平的現象，千葉縣野田市、滋賀縣大津市等地的父子家庭，都有各自的兒童扶養津貼可領，也設法減輕父子家庭的經濟壓力。不過，要徹底改善這個問題，還是要修正國策的現行制度。

而根據全國和各區域調查結果，母子家庭和父子家庭的煩惱也各不相同。父子家庭在家務、健康、養育支援等議題，需要有方便諮詢的環境，針對不同需求提供適當處置。我在議會上不斷點出援助政策的不公之處，可惜這些問題長久以來被中央輕視，父子家庭又是少數中的少數，世田谷區的行政機構也不怎麼重視。

不懂手語的聽障人士

懂手語的人只有一成

為了在議會上質詢身障者運動振興方案的相關議題，我前往熊谷市參加「彩色國度真心大會」的彩排活動，那是全國身障者的運動大會。我在會場遇到不少身障者及他們的家人和義工。義工身上都有別牌子，記錄每一個人負責的職掌，其中有一種叫「筆記抄寫員」的職缺，吸引了我的注意。看那些義工手上拿著筆記本和筆，主要工作應該是幫助聽障者進行溝通協調。

回到東京後，我深入了解筆記抄寫員的工作，他們主要是把言談轉換成文字訊息，讓不懂手語的聽障人士也能吸收訊息。一般人交談每分鐘會說三百個字，但手抄每分鐘頂多六十個字。因此，抄寫員要具備精準歸納的能力，才能正確又迅速地傳達談話內容。這種綜合技能就稱為歸納筆記。

這份職缺之所以重要，在於並不是每一個聽障人士都懂手語。世田谷區提供的聽障支援政策，多半也是召開手語課程和派遣手語翻譯員，這點令我意外。

那麼，究竟有多少聽障人士不懂手語？世田谷區沒有統計資料，我只好拜訪「中途失聰人士暨重聽人士協會」調查東京的資料。根據「聽障人士生活實態」統計，東京的聽障人士只有百分之十七．八懂手語。換句話說，不懂手語的聽障人士高達八成以上。從這個比例來看，全國懂手語的聽障人士，大概也才百分之十，這是很驚人的數字。

日本並不承認手語是一門獨立的語言。聾啞學校也沒教導手語，而是以學習口語為主，靠助聽器強化聽障人士的聽力，再搭配讀唇術。這種口語至上主義的作風，是認為少數人應該配合多數人。另外，手語分兩大類，分別是「日本手語」和「日語手語」。前者屬於一種視覺空間語言，主要由完全失去聽力的人使用；後者則是用手語的字詞，來組織日語的文字段落，多半是重聽人士或中途失聰人士在用的。

重聽和失聰往往是突如其來的，可能是感冒藥副作用或潛水所致，也有人上班一接起電話就失去聽力，這些人不可能馬上學會手語，懂手語的人只有一成也就不足為奇了。

世田谷區有一個叫「言葉」的義工團體，以自掏腰包的方式提供筆記服務。因為很多人在學習手語時都希望留下文字要訣，他們才開始提供這樣的服務。該團體輔助的對象是那些就讀普通學校的重聽學生，但學校沒提供交通費或鐘點費，加上人員不足，無法滿足每一個聽障學生的需求。

二〇〇三年十一月，我在議會上提出筆記抄寫員的議題，主張這些支援活動不該全靠民間努力，公家機關也該培養人才，增加可用的人力。於是，世田谷區從二〇〇五年秋季開始，召開了筆記抄寫員講習會，第一年培養出二十六名筆記抄寫員，二〇〇六年也有二十名完成培訓。

「身障者自立輔導法」當中的地區生活支援方案，從二〇〇六年十月正式實施，東京的手語翻譯和筆記抄寫員，改由各區域和鄉鎮的公家機關指派。跟其他地方政府相比，世田谷區優先建立了人才培訓制度，未來的課題則是提高人員素質，安排更完善的派遣制度。

阪神大地震發生時，由於避難所的訊息只用廣播聯絡，很多聽障人士只好觀察旁人的反應盲目排隊。因此，我在二〇〇五年六月的議會質詢時，要求和手語翻譯員、筆記抄寫員的團體締結災害互助協定。有關單位也答應，二〇〇六年度會跟上述團體達成互助協定。

助聽器問題

關於重聽，一直以來都有很嚴重的問題被忽略。七十歲以上的老人有半數必須配戴助聽器，就算身體還很硬朗，也沒法和家人同樂，看電視或參加演講都聽不清楚內容。當事人會有被孤立的感覺，難以融入社會生活。一般人只覺得年老失聰是無可奈何的事，也不會設法解決問題。

助聽器是有效強化聽力的器材，善用助聽器的輔助方案和訊息卻明顯不足。報章雜誌上充斥著各種助聽器的廣告，平價商店也有助聽器的特賣商品，街上的眼鏡行或鐘表行也有販賣，算是生活中常見的商品。

可是助聽器這種醫療器材，要配合當事人的聽力做選擇和調整。就像配眼鏡，在挑選助聽器和進行調整時，也要考量當事人的生活方式、職業需要，還有耳朵對音域的敏感度等。此外，實際使用也得花時間慢慢適應。很多老人家用微薄的年金和積蓄購買高價的助聽器，卻完全沒有獲得這類資訊。

這個問題和政府的衛福政策大有關聯，好在一九九四年起，民間制定了「助聽技能認證資格」的制度，改善了訊息流通的問題。不過，一直到二〇〇七年一月，世田谷區的認證專業店鋪才四家，多數聽障者也不曉得有這樣的店鋪。

二〇〇四年九月，我在議會談起老年人的重聽問題，要求有關單位提供重聽的資訊和諮詢服務，充實助聽器的最佳化（調整）配套，但世田谷區在這方面少有進展。

世田谷區的區立綜合福利中心是由公家機關的外圍團體負責營運，沒有身障手冊的居民也能利用諮詢服務。值得一提的是，福利中心還有提供完善的助聽器調整方案，可惜知道的人並不多。

另外，助聽器和聲音來源只要相距幾公尺就很難接收到聲音。為了彌補這個缺陷，要先透過麥克風收音，再傳送至助聽器或專用接收器上。如何推廣這些「助聽輔助器材」也是今後要面對的課題，在英國和德國等西方國家，公共設施必須提供這一類的器材，日本在這方面卻毫無建樹，沒有設立相關制度。

世田谷區只有兩個地方有設置固定式的助聽輔助器材。我在議會上要求推廣助聽輔助器材，有關單位才終於引進可攜式的輔助器材。不過，只有提出使用申請的人，有關單位才會說明設備的使用方式，在推廣上還有待加強。

過去有關單位沒有思考推廣方案，這類設施的使用率並不高，聽障人士根本不可能主動提出使用申請。後來我參加區議會的委員會，強烈要求有關單位對不知情的聽障人士宣傳這項服務，「區域公告」才開始刊登宣傳訊息。一定要議員提出才肯去做，這樣的辦事態度實在不敢領教。我不禁思考……有沒有什麼好方法，可以讓那些公務員設身處地替別人著想？

缺乏溝通管道與對象的失語症

發現問題的契機

有一次，我在議會質詢區公所的夜間服務議題，才開始接觸失語症。像戶籍或埋葬許可這類業務，許多鄉鎮或都市公所都有提供全年無休的服務。世田谷區也有五大綜合服務所提供假日和夜間服務。世田谷區的區公所把這項服務窗口設在地下一樓的守衛室，要從廳舍旁邊的樓梯下去才找得到。外面也沒有直通守衛室的對講機，只能直接去守衛室詢問。

「請問坐輪椅的人士，該如何利用夜間服務窗口？」

「……只要打一通電話，我們會派人打開平常在用的出入口。」

這答覆也太絕了，試問有多少人記得區公所的電話號碼？這代表區公所數十年來，都沒有不良於行的居民使用夜間服務，明明留下來加班的職員都有使用那一條通路，為何不直接開放給身障人士使用呢？我好難過。

有鑑於此，我利用晚上去視察剩下四個分部，每一個都要先按對講機通報，才會有職員出來接應。這一套系統只適用於健全人士，至於不善言語、無法對話的人根本無法使用。於是我接著思考，社會上有哪些無法對話的人？例如聽障人士、語言障礙人士，還有摘除喉頭腫瘤的人及失語症患者……嗯？什麼是失語症？我突然很感興趣，便著手調查失語症。

所謂失語症，是指中風、腦瘤、頭部外傷等因素，導致腦部的語言中樞受損，喪失語言能力的意思，屬於一種腦部的執行功能障礙。中風是日本第三大死亡原因，僥倖救回來的患者有三到四成會罹患失語症。不少年輕人則是遭遇交通事故，留下失語的後遺症。依照推算，日本國內有將近五十萬的失語症患者，這種病有可能發生在任何人身上。

失語症對聽、說、讀、寫的能力都有影響。眼睛和耳朵接收得到語言，腦部卻無法理解語言的意思，這就好像把你獨自丟在陌生的國度一樣。

而且患者經過長期的復健療程，也沒辦法完全恢復語言能力，跟親朋好友溝通還是有一定的困難。在缺乏社會諒解和援助的情況下，很難重新回歸社會。這對患者和其家人來說真的非常痛苦。

目前語言障礙的身障認定才三級到四級。失語症會影響到社會生活和職業生涯，算是十分嚴重的身心障礙，但外觀上看不出來，所以很多失語症患者拿不到身障手冊，政府也幾乎沒有提供支援對策，行政制度上的改善才剛要起步。

有的醫療機構有提供語言訓練服務，就算患者找到這類醫療機構求助，醫療機構提供的治療期間也相當有限。有些患者要花大把時間慢慢復健，醫療體系卻無法接濟這些人。接受了一段期間的語言訓練後，醫療機構也不會提供建議，教導患者如何度過今後的生活，多數患者還是得靠自己摸索。我們應該站在中長期的角度，安排完善的醫療體系。

根據統計資料，只有百分之八的失語症患者有機會重回職場。溝通困難和缺乏包容的社會風氣，是當事人就業勞動的一大障礙。罹患失語症其實並不影響一個人的判斷力和記憶力，禮貌和性格也不會有太大變化。失語症患者有許多被埋沒的能力，只是需要適當的支援來引導。可惜，世田谷區除了岡本作業中心的玉堤分廠，再也沒有其他地方雇用失語症患者，而且雇用人數才十九人。而失語症患者想利用身障人士的日間照護服務，也會遇到溝通問題，難以持續。

不少醫生和護理師也誤以為，只要利用拼音表或放慢說話速度就可以和患者溝通。失語症常被當成發音功能障礙或壓力造成的失聲。不少失語症患者家庭也不了解失語症的正確資訊，缺乏有效溝通的方法。越深入了解失語症，越明白失語症有很多問題要解決。

我曾經參加年輕失語症患者的聚會，那些患者告訴我的故事，帶給我很大的衝擊。有一個比我年輕的女性平靜地訴說自己的經歷。她說，當知道自己罹患失語症，本來打算從醫院的頂樓往下跳。這句話完全體現患者絕望的心情，我們正一起吃著便當，我卻忍不住流下淚水。

與社會產生連結

失語症的本質在於「孤獨」——這是我看過的眾多資料中一直縈繞我心頭的一句話。為了讓患者找到人生的意義，培養必要技能重新融入社會，必須提供患者一個安心的場所參與活動。

根據我的調查，世田谷區內共有六個失語症團體，不過那些團體每個月才召開一到兩次活動，會場多半在梅丘綜合福利中心，那裡是世田谷區的中心地帶。通常左腦語言中樞受傷的患者，也有右半身麻痺的問題。活動場所應該要分散在各個地區，參與活動才會比較方便。

我在二〇〇五年六月的議會提出失語症議題，並要求有關單位做到下列幾點。第一，充實人力訓練和諮詢的機能。第二，強化就業輔導措施。第三，給予患者一個安心的場所參與活動。第四，啟發社會大眾對失語症的認知。最後是培養「失語症對話搭檔」。

所謂失語症對話搭檔，是指可以和失語症患者好好溝通的人，而且了解患者的煩惱和特性。好比視障人士的導盲看護，聽障人士的手語翻譯或筆記員。我在議會提出這個議題時，只有千葉縣的我孫子市、橫濱市、板橋區這三個地方政府有培育失語症對話搭檔。世田谷區的綜合福利中心有言語治療師，對培育國內的失語症對話搭檔有很大貢獻。無奈行政機構缺乏認知，始終沒有尋求專業人士的協助。

質詢過了三個月，世田谷區的綜合福利中心終於開始培養失語症對話搭檔，官網上也有提供失語症的簡介和照護訊息。二〇〇六年三月，第一屆培訓完成的失語症對話搭檔共有五人，這五人在區內的失語症團體中累積經驗，未來將幫助更多患者回歸社會。

視障者的困擾──規格不一的點字磚

一般人提到無障礙城市，通常會先想到「點字磚」。其實「點字磚」是註冊商標，正確名稱是「視障者誘導專用地磚」。這是日本在一九六五年發明的，兩年後率先在岡山縣鋪設，之後才推廣到全國各地。根據國土交通省統計，截至二〇〇五年四月，全日本總共鋪設了兩千七百萬枚點字磚。

點字磚主要傳達兩項訊息：標示安全的行進方向與標示危險的區域、分歧點、目的地。狹長的線狀凸起代表「前進」，圓點凸起代表「止步」和「注意」，這樣的安排倒也簡單易懂。第一種稱為「誘導磚」，第二種稱為「警告磚」。

全盲視障者只能依靠腳底的感覺還有用白手杖去接觸路面，識別點字磚上的誘導和警告訊息。意外的是，日本工業規格（ＪＩＳ）一直到二〇〇一年九月才制定了點字磚的凸起大小、形狀、排列方式，在此之前，點字磚並沒有統一的規格。

因此在ＪＩＳ規格誕生前，有整整三十四年的時間，各地區鋪設的點字磚並不相同。有不少點字磚不僅沒有「誘導」功能，還造成其他用路人不便。這對視障者來說，等於每到一個不同的地方就碰到不一樣的點字類型。有些點字磚把長達二十七公分的誘導直線，換成只有短短幾公分的橢圓形凸起，視障者根本無法辨識危險區域。其中還有「止步」的點字磚，被拿來當作誘導的點字磚鋪設。

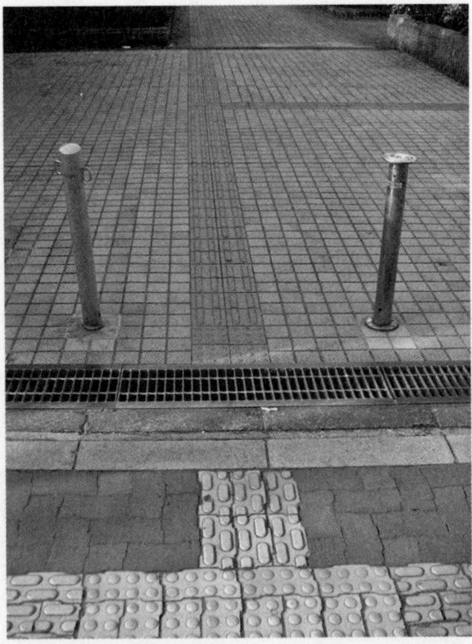
後方的點字磚被埋沒在大片路磚中，不夠顯眼；而前方則是標示不清的點字磚，看不清是「前進」還是「停下」。

點字磚的顏色也大有問題。同樣都是視障者，持有身障手冊的三十萬一千名視障者（二〇〇一年厚生勞動省調查資料）中，只有不到四成全盲。剩下多半是視野或視力有問題的弱視者，弱視者主要是看著點字磚走路，他們需要的是很鮮明的點字磚。然而，實際上很多點字磚跟路面的顏色差不多。

我在議會質詢完這個問題後，世田谷區總算在二〇〇四年六月前，做好了全區的點字磚調查。結果發現區內一千九百九十五個鋪設點字磚的場所，有六百九十四個地方的點字磚不合格（佔百分之三十五）。

根據調查，區內有一百八十八個地方的點字磚尺寸不符規格，一百七十四個地方的點字磚並非黃色，八十四個地方的點字磚容易打滑，一百六十七個地方的點字磚誘導方向錯誤，一百五十二個地方的點字磚設置地點錯誤，一百個地方的點字磚劣化破損。有待改善的地點佔整體的百分之三十五，面積比更高達百分之三十九。光看這些數字，不難理解點字磚有多少問題。最嚴重的是，率先推動無障礙建設的「先進區域」，反而有大量不符規定的點字磚。好比區公所、醫院、社福機構聚集的世田谷地段，需要改善的場所比例達百分之五十一（面積比達百分之六十七）。區公所附近也有很多不符ＪＩＳ規格的點字磚。

世田谷區有三百一十六處點字磚需要優先改善，二〇〇五年度開始將排定為期五年的整修計畫，進行全面整修。區公所周邊所有不合格的點字磚，將在二〇〇七年春天前全數清除。

其他地方政府也有同樣問題，二〇〇六年十二月實施的「新無障礙法」規定，所有區域、都市、鄉鎮，都有義務把轄區內的道路無障礙化。要實現這樣的理念，各地方政府必須努力走訪調查。就算有財政困難，也應該優先改善最危險的不合格區域。找出無障礙設施當中不符規定的設施，便是實踐改革的第一步。

想要改變，就必須表達訴求

在多數人的認知中，議會決議拚的是「人數」，這話只說對了一半。我以無黨派身分從政近四年，也憑一己之力改變了很多事。世田谷區議會共有五十二個席次，我的決議權也才五十二分之一而已。的確，在審核行政預算、修訂組織體制或制定條例的情況下，人數才是硬道理。

不過在其他情況下，討論才是制定政策最關鍵的第一步。這麼說或許有托大之嫌，但我認為每個議員都有無限可能。有不少議員在最後三十秒的討論時間中，成功讓有關單位承認行政疏失，迫使他們改善問題。世田谷區議會賦予每個議員公平的質詢權利和時間，就算人數比不過其他派系，也能靠議論一較高下。所以，議員應該比行政官僚刻苦學習，找到據理力爭的證據，維持為民喉舌的熱情。

我剛選上議員沒多久，有人替我寫好質詢時要用的稿子，老實說我很訝異。後來，也有好幾個人要我照他們寫的質詢稿唸。

「我一向玩真的，不會照別人的意思行動。」我嚴正拒絕後，就再也沒有職員拿著寫好的質詢稿來找我了。

質詢權使用得當的話，可以造成很大的壓力。質詢有確認現狀的作用，還能逼行政機構坦承疏失，要求他們改善問題並做出決策。在議論時增加自己交涉的手段，是改善現狀的一大關鍵。明確點出問題，指出當中的謬誤，迫使公家機關改善，這才是議員該做的事情。

人民對政府的不信任我也時有所聞。在一般人的觀念中，公務員就是每天準時下班，又沒有業績壓力的爽缺。

我實際接觸過不少公務員，發現他們都是值得尊敬的人物。許多公務員都很認真工作，能力也極為優異。雙方坐下來好好談，就會發現彼此是能互相理解的。他們對於當下的問題癥結，還有今後的施政方向，也跟我們有一樣的見解。

可是，當問題上升到組織層級，就會失去這種靈活變通性。比方說，太重視均衡平等的作風，反而成了綁手綁腳的限制。有時則是投鼠忌器，缺乏改革的氣魄。也有那種太拘泥前例，無法改變方針的狀況。再加上組織上行下效的體制，各單位也沒法互相配合。到頭來，就只會討論出一些毫無建樹的結論。

真正關心議會的人民並不多，但議會講究的是公開的原則，議事錄也是公開的。行政機構不願意在正式的議論場合出糗，才會嚴肅以對。議會是反映社會的一面明鏡，「人民的素質」從議會就看得出來。如果人民對議會或行政機構有疑慮，也同樣只有人民有能力改變現狀。

實際遇到困難時，該怎麼維護自己的權益呢？首先，你必須用某種方式傳達自己的困境。例如向居住區域的首長投訴，很多公家機關都有設立投訴信箱，不好好利用實在太可惜了。傳真到區公所也是一個方法，世田谷區公所通常一週就會回覆。

公家機關不太願意花費預算和人力去處理不夠重大的問題。不過只要有人點出問題，就算聲音再怎麼微弱，公家機關也不能視而不見。你不見得一開始就要站上檯面，公布自己的真實身分，關鍵是要勇敢點出問題，盡自己的能力表達訴求。也許你勢單力孤，但你沒有自己想像得那麼無力。

我希望各位明白，其實我們有很多改變現狀的方法。

第六章

從沉默到發聲——如何產生改變的勇氣

沉默等於不存在

「我們沒聽到這樣的聲音。」

「所謂弱勢，應該也沒多少人吧。」

「我們沒碰過類似的問題。」

我在前面談到造口者、單親家庭、失語症患者及性少數族群。很多弱勢族群忍受各式各樣的煩惱，卻沒辦法說出自己的訴求。我在區議會點出弱勢族群的問題時，公家機關的職員都會說出上面的推託之詞。這種可悲的答覆，每次聽到我都很難過。

容我重申一次，社會上有很多微弱的聲音被埋沒，這點我非常清楚，因為我以前也有同樣的遭遇。不過，實際參與政策決議後，我有一個刻骨銘心的體悟，那就是「你不發出聲音，別人不會注意到你的存在」。

這個世界習慣用「普通」或「常識」來衡量一切，但現實生活中總有例外，很多常識也不見得是正確的，偏偏大家都不會想到這一點。因此，那些廣布於社會各處的少數族群，應該團結起來表達訴求，讓其他人正視你們的存在。否則永遠會被當成「特殊個案」，很難引起社會關注。

要扭轉大眾的成見並不容易——我投身議會問政四年，這件事帶給我很深的感觸。現在有網路這個方便的利器，不少人都會透過部落格或其他網路媒體表達自己的想法和訊息。害怕歧視與偏見的人，也可以上網認識彼此。從這個角度來看，網路的匿名特性有極大的用處。可是，網路訊息只有感興趣的人看得到，無法傳遞給每一個人。

報章雜誌等主流媒體的影響力也不小，但人們同樣只會挑自己有興趣的看，刊載篇幅不大的個案問題，也容易被讀者忽略。這些作為只是表面上拋磚引玉，要徹底改變社會潮流，當事人還是要多多努力才行。

有些事的箇中甘苦，你不說出來沒人會懂。事實就是，沉默的人等於不存在。我要很遺憾地告訴各位，沒有說出來的訴求，永遠不可能反映在政策上。你得鼓起勇氣，用盡所有智慧和力量表達訴求，反之則不會有人正視你的問題，這就是社會血淋淋的現實。

找到夥伴，是自我肯定的第一步

在宣揚自己的存在前，首先要有自我肯定感。任何人都有可能碰上麻煩的問題。實際碰到問題後，如何去消化和理解那個事實，是第一個要面對的難關。去尋找跟自己有同樣問題的人，是協助你認同自我的第一步。

在某些情況下，要接納自己的問題並不容易。以我個人來說，幸好我認識了其他性別認同障礙者，透過對等的交流，治好了自己的心病，重新「發現」真正的自我。我這才明白世上有許多不同的價值觀，以及多樣化的解決之道。我們交換經驗，分擔彼此的痛苦，思考適合自己的方法，總算踏出了新的一步。近年來，許多互助團體都有積極活動。當然，主動踏出第一步是需要勇氣的，只要找到適合你的團體，你就有機會獲得行政服務和其他社會資源，好處非常大。

再來，你要從各種角度衡量自己在社會上的定位。有的問題可以靠自己的努力改變，但有些問題要靠社會環境來解決。當你碰到這樣的問題，你得思考自己跟社會的交集，確認自己要提出的訴求。為了達成這個目的，你要明白自己該往哪個方向施力。有形的問題和無形的問題都要深入了解，才有辦法真正提出訴求。這一連串流程需要客觀地審視自己，你在過程中得到的體悟，將是你前往下一個階段的重要核心。

行政和政治的主體是人，遊說時的表現方式也會影響到對方的觀感。因此，我始終認為遊說的關鍵是「尋找共通點」，而非「主張殊異點」。你要聚焦在雙方的共通點上，以激發同理心的說服方式，引起對方的共鳴。很多人遇到問題時，只會主張自己和一般人有何不同。問題是，強調彼此的殊異點，很難獲得認同。

不敢表達自己訴求的人，主要是害怕歧視。其實，你不見得一開始就要公布隱私。好比第三章有寫道，我曾經聯絡公共職業安定所，以匿名方式說出自己有「性別認同障礙」。我坦承自己放棄了男性的身分，改用女性身分工作，但這樣一來雇用保險有性別上的差異，所以打去請教解決方法。

那裡的職員應該作夢也沒想到會有這麼特殊的諮詢案例吧，聽他們的語氣，似乎從來沒遇過我這樣的人，更遑論有類似的諮詢先例了。起初那些職員也挺訝異的，後來我認真說明自己的困境，他們也願意替我著想。當然，也有那種不肯理會我的職員，但不是每一個人都尸位素餐。其實公家機關職員也很清楚自己的業務範圍可能有哪些狀況。至於哪些狀況能解決、哪些狀況不能解決，他們也願意跟我說明。我也是遇到有愛心的職員，才揭露自己的隱私，更進一步深入對談。

我在年金手冊上的性別登記是男性，這妨礙到我以「女性」身分參與社會活動。到頭來，我還是沒辦法改變年金手冊的性別，可是業務負責人誠懇地聆聽我的煩惱，還撥冗與我見面。有一個活生生的例子出現在他們眼前，聲嘶力竭地說出自己的遭遇，我相信他們一輩子都無法忘懷。

所以，不管是面對公家機關還是社會大眾，請先嘗試各種方法改善問題，不要把自己封閉起來，這是我自己努力解決煩惱所得出來的結論。只要你真心誠意表達訴求，就會有人替你著想，你的熱情一定能打動其他人。等你明白這個道理，就可以找到方法讓社會大眾關心你的問題了。

至於那些跟你接觸過的公務人員，不見得永遠會待在同一個單位，但我相信他們也會找機會幫助你，替你尋求更多人的認同。當你跟更多人廣結善緣，試著互相包容理解，改變社會風氣也就指日可待。至少，你不會被當成不存在，別人也不敢再忽視你。等到公家機關的職員也注意到你的問題，你的遊說會有不同的結果。切記，放棄不會有任何成果，請盡可能多方諮詢。

如何確實表達訴求

傳遞真實的溫度

各位是不是覺得，議員都是不知民間疾苦的大人物？過去我也是這樣想。一般人對議員的印象不外乎是鄉紳名仕或有組織背景的人物。就某種意義來說，他們是權力的象徵。現在我有不一樣的看法，我認為這種觀念才是人民對政治冷感的原因。事實上，拒人於千里之外的是自己的成見。

當上議員後，我發現人民和議員間有很大的代溝。大部分人不相信議員會接見人民，其實人民真有需求的話，還是有很多議員願意抽空見面。

有些問題只能透過政治解決，要求行政機構改善。如果你有想解決的問題，請先跟在地的議員商量看看。政治家是為民喉舌的人，也是我們選出來的代表。各位擔心得不到議員的諒解，這種心情我也能體會。可是，一味擔憂解決不了任何問題，關鍵在於你要如何把自己的訴求和「溫度」，告訴我們選出來的政策決議代表。

很多人在表達訴求時，會先到街頭尋求民眾的支持與認同。分發傳單和要求連署算是很常見的活動，但你實際去看政策決議的現況，連署所耗費的時間和心力，往往不會受到公家機關和議會的重視。

就算你獲得幾萬人的連署，把陳情書交給行政機構，行政機構也不會對議員解說。除非媒體願意報導，否則你的萬人連署活動，也就是一個傳聞中的小活動罷了。

同樣的道理，把萬人連署的陳情書交到議會的事務局，也不會直接反映在議會投票表決的結果上。通常議員根本不會直接看過連署書，他們每天都要看大量資料，你的連署書純粹是寫滿一大堆人名的紙張。

相對地，直接去「遊說」議員比較有衝擊性。當你拚命表達自己的訴求，那股魄力會深深烙印在對方心裡，你的表情和聲音會帶給對方深刻的印象。光是把連署書丟到公家機關或議會的事務局，議員感受不到那樣的「溫度」。

另外，要對哪一位議員說出自己的問題，這點也非常重要。每位議員關心的議題和思維都不一樣，你可以去瀏覽議會的官網，了解一下他們議論政策的能力。根據全國市議會議長會歸納的「市議會活動相關實況調查」（二〇〇五年十二月），全國七百七十八個城市中（包含東京二十三區），有七百二十八個城市設立了市議會官網，大約佔百分之九十四。除此之外，還有四百七十二個城市的議事錄可供上網查詢，佔了百分之六十・七。你用關鍵字搜尋議事錄，也比較好了解過去的政策議論和議員的發言內容，連行政單位的想法都能略知一二。不方便上網的朋友，去議會、區公所、公立圖書館等設施也看得到議事錄。你也可以去議會的事務局，請教一下過去有沒有具體的議論。

議會是秉持公開原則的「言論殿堂」，去旁聽有助於深入了解議會。議員的聯絡方式原則上也是公開的，議會事務局都會提供資料。

請願權是人民的權利

各位，你們聽過請願權嗎？所謂請願權，是指用書面要求國家、地方議會、行政機構，制定某些法令和條規，修訂和廢除也包含在內，也可罷免公務員和改善行政制度。日本憲法十六條規定「任何人對損害的救濟，公務員的罷免，乃至法令規章的制定、廢除、修正以及其他相關的事項，都有和平請願的權利，也不該因行使請願權而受到歧視。」請願權是一種可個別行使的權力，適用對象包含未成年人、外國人、法人。

政府單位不得拒絕人民請願，請願法規定政府必須受理請願，並以誠懇的態度處理。對國會請願，需要國會議員的介紹；對地方議會請願，則需要地方議員的介紹。總之，你只要找到一個議員幫忙就行了。

人民提出的請願會依照內容，呈交給議會的常任委員會或特別委員會審查。審查結果分為應採納、不應採納、持續審查這三種，並呈報議長。議長則在正式會議上提出討論，通過的話就會交付內閣或地方上的行政機構。行政機構必須尊重議會的決議，誠心處理這些請願的內容。

換句話說，請願是一種靠個人影響議會或行政機構的制度。我認為這是很棒的制度，可惜多數人民連請願是什麼都不知道。

順帶一提，二〇〇五年第一百六十二期通常國會[10]，光是眾議院就收到大約兩百五十封請願書，但大部分結果都是「審查尚未結束」。有的請願書獲得百萬連署，卻不代表一定會被採納。顯然國會沒有正確反映民意，地方議會的狀況也差不了多少。以世田谷區議會為例，每到會期開始時，也有不少居民請我在請願書上署名。有時候我替那些居民感到惋惜，請願其實是講究技巧的。

誠如前述，請願只要找到一位議員署名就算成立了。當然，基本上還是要給議會的委員會審查，署名的議員在議會中的立場也會影響到審查結果。議會充斥著黨派間的算計和對立，即使提出請願的人沒有政治意圖，也有可能被當成某黨派的支持者，而受到其他議員冷落，這就是議會的現實。通常找某一個特定黨派的議員署名，就很可能得不到其他黨派的青睞。

如果真的希望自己的請願被採納，最好多找不同黨派的議員署名。可是，找哪些黨派署名會影響到請願的結果，畢竟請願需要議員署名，其他人自然會重視議員的黨派性。

請願呈交到委員會審議後，萬一各黨派的委員意見不同，極有可能以「持續審議」

的名義冷凍起來。只有在少數情況下才會強行表決來決定採納與否。

要避免這樣的狀況，提出陳情書也是一個有效的辦法。陳情和請願一樣，當你碰上損害到個人權益的問題，可以用書面向公家機關陳述實情，尋求適當處置。唯一不同的是，請願的權利受到憲法保障，但陳情沒有。

不過，你的陳情會不會被當成請願處理，就要看議會了。有些議長願意把陳情當成請願處理，這種議會比較不看議題的黨派性，可以好好探討議題內容。請各位確認一下各議會處置陳情的要領，善用這一套制度吧（各議會處置陳情的方針，可洽詢議會的事物局）。

再來，請願和陳情書的寫法，對結果也大有影響。一份文件中提出太多要求，全部通過的可能性當然不高。有時候，十項要求中只要有一項無法通過，其他要求也會全被否決掉。

10　日本國會分三種，分別是通常國會、特別國會、臨時國會。特別國會是在眾議院解散後召開，臨時國會則視需要召開。

各黨派會用不同說法，來表明決策結果，好比「採納」、「要旨採納」、「部分採納」、「不採納」等，如果你希望通過委員會審議，那你的文章要博得大部分黨派的認同。同樣是提出訴求，真切說出自己的困境，比較容易得到議員的共鳴。用情緒化的方式攻擊別人，就算對方贊同你的提案精神，也贊同不了你的表達方式。

尋求各黨派認同也要講究先後順序。請願或陳情書的寫法，更需要多下工夫。我偶爾會提供上面的建議，給那些四處找議員請願的人。請願通過的話，對行政機構具有相當大的衝擊性。議會是國家和地方的最高決策機構，在議會上通過的請願或陳情，都會受到行政機構的重視。

議會也是一樣米養百樣人，在理想與現實的夾縫中，該怎麼前進才好？切記，結果取決於事前的準備工作和戰略。

直接請求權

人民有「直接請求權」，這是一套反映民意的制度，選民可以直接要求都道府縣或鄉鎮市區的自治體，制定條例或提出其他要求。「地方自治」原則上是由人民選出來的代表，在議會決定政策的間接民主制度，但議會上的決策不見得會真實反映民意。於是，就有直接請求的制度來補其不足。

地方自治法規定，人民對直接請求的對象有五大權利，第一是制定或修廢條例，第二是監察行政事務，第三是解散議會，第四是罷免自治體的首長和議員，第五是解除立場不公正的公職人員。行使直接請求的人，要向選舉管理委員會領取代行權利的證明書，在一定的期限內獲得選民的署名。

要提出制定條例或修廢條例的要求，至少要有五十分之一的選民連署，行使監察權也是同樣門檻。要解散議會，罷免自治體首長和議員，原則上要有三分之一的選民連署。

中央本來打算廢除德島縣吉野川的第十河堰，興建巨大的可動式河堰，結果德島市居民發起直接請求運動，在二〇〇〇年一月成功撤回中央的方案，算是非常有名的例子。這就是居民提出直接請求，制訂居民投票條例所帶來的結果。

必要的連署人數是選民的五十分之一，世田谷區的選民人數為七十萬人，五十分之一就相當於一萬四千人。只要提出的訴求得宜，要得到這樣的連署數量並非不可能。

同樣是進行連署活動，先深入了解人民有哪些制度可用，才能帶給行政機構和議會更大的衝擊。

遊說的技巧

在「性別認同障礙者特別法」成立前，我是站在陳情的那一方；當上議員後，我變成接受陳情的一方。這些經驗告訴我，陳情講究以下兩大要點：首先，要引起對方的「共鳴」。然後要做好充分的研究，擬定適當戰略。

日本絕大多數的議會都是以派系制度運作，負責制定法律和條例的議會，各大派系間的關係如何？每一個派系的決策程序又是如何？這些問題要先深入了解。議會本身的規則和日程也是一大重要因素。這一點我在第四章也有講到。

至於該如何引起共鳴，這沒有一套絕對管用的方法，關鍵在於你的訴求要簡單易懂。「如何劃定界線」是立法的一大現實問題。比方說，什麼樣的情況在規範之內，什麼樣的情況在規範之外？理想與現實間的衝突在所難免，現實中複雜的狀況，不見得會全部反映在法條上。

光是法律或條文的其中一段話，就要得到議會半數以上的認可才算成立。議會有保守派和前衛派的議員，要獲得半數以上的贊同，得先弄清楚問題焦點，準確的判斷力才是成敗關鍵。

缺乏說服力的遊說不可能成功，只顧堅持理想，一味主張問題的複雜性和多樣性，也很難得到議員認同，冷靜的判斷力非常重要。這才是真正的戰略。

實際走訪議會，你會發現那些議員也是普通人。如果你擺出傲慢的態度，自然得不到議員的幫助。再者，議員容易被「人情義理」打動，誠懇說出你碰到的問題，遠比憤怒叫囂來得有用。畢竟議員間的情緒和氣氛，對決策過程也有很大影響。

請學習如何善用議會和議員，如此一來，政治就會是你生活中的一大助力。

過度強調權利觀念的風險

這十幾年來，我接觸過許多跨性別者，近幾年，跨性別者的觀念有很大的轉變。十年前的跨性別者互助團體，不少人還要戴墨鏡和口罩才敢參加。大家都是同病相憐的夥伴，很多人還是不願透露自己的長相和姓名。他們害怕這個社會根深蒂固的偏見和歧視，不敢冒著失去一切的風險，公開自己的個人隱私。

不過，聽說最近有人在求職時，會對不認識的面試官坦承自己有「性別認同障礙」問題，而且還不在少數。甚至有學生當著全校師生的面，說出自己是「性別認同障礙者」。這給我一種恍如隔世的感覺。

當一個人的自我肯定感膨脹，就會產生強烈的「權利觀念」。

「我在求職時坦承自己有『性別認同障礙』，結果沒被錄取，這是歧視對吧？」

我本人是以「性別認同障礙者」身分當上議員的，因此，全國各地都有人跑來找我抱怨類似問題。他們打來找我這個地方小議員訴苦，但從來沒有提到自己的工作能力和協調性如何，每次都只主張自己有「性別認同障礙」。企業刊出招募人力的公告，要的是對工作有幫助的人才，他們想聽的是你有什麼才能，應該先說明清楚，再來談你有「性別認同障礙」才對吧？

不光是「性別認同障礙」如此，當你有某些迫切的問題時，注意力自然會放在那個問題上，沒有心力去顧及其他層面。況且，受過社會歧視的人，也習慣懷疑對方的言行和態度，這種心情我也能理解。

不過，有些人你只要平心靜氣跟他們解釋清楚，他們就會反省自己的態度，主動跟你道歉。相對地，你要是不分青紅皂白攻擊他們，動不動就要求對方道歉，我只能說這對彼此都是一件不幸的事情。

「你這是歧視，是侵害人權！」「法律有保障我的權益！」用這種氣焰高漲的方式攻擊別人，或許對方願意做做樣子跟你道歉，但那不是發自真心的反省和道歉，純粹是要讓你閉嘴罷了。這麼反而會妨礙雙方溝通交流，這就是權利觀念高漲的危險性。

我相信，設身處地替別人著想的溝通方式，才是互相理解的關鍵。耐著性子持續溝通，才能扭轉社會上根深蒂固的偏見。

用堅定的信念，抵抗惡意攻擊

打從我公開自己的性別問題，出來角逐議員的那一天起，就不斷受到各種誹謗和中傷。可是那些攻擊多半和我從政的身分無關，而是對於我「性別認同障礙者」的身分缺乏理解的緣故。

我參加區議員選舉時，確實獲得很多溫暖的支持。話雖如此，我出來參選也不是每一個人都樂見。事實上，我的支持聲量雖提高，受到的批評也沒比較少。有人嘲笑我是人妖，也有人怪我父母教養不當。尤其網路是匿名空間，誹謗內容更是令人不忍卒睹，數量也多到嚇人，連支持我的親朋好友都被放到網路上攻擊。朋友建議我不要看那些網路謾罵，所以我也沒去看，只是聽說到現在還是有不少網友專門攻擊我。

我當選議員後，惡意攻擊也從沒中斷過。我第一次到議會質詢，有穿著迷彩服的人擅闖議會，要我出來給個交代，結果被事務局的人制伏送辦。另外，媒體大幅報導性別認同障礙特別法時，有人在區公所到車站的電線桿上，貼滿「人妖議會」的攻擊文宣（詳見下圖）。我的事務所也接到各種批評電話，反對不倫不類的性別變更，或是叫我這個變態閉嘴。

事務所的電話鈴聲幾乎沒停過，山路只好耐心跟每一個批評者解釋。大多數人都是看了特別法的相關報導，被各種偏見和錯誤訊息誘導，才會打電話來罵。他們以為特別法成立後，隨便一個人都能任意改變性別，把性別變更當成兒戲。

一開始面對各種誹謗和中傷，我覺得自己的人身安全受到威脅，經常活在緊張和惶

某天早上，從車站到區公所的電線桿上，都貼滿了這張惡意中傷我的文宣。

恐之中，最近我比較能客觀看待這些事情了。其實多數人並沒有明確的批判，只是惡意中傷特別引人注目罷了。以我個人為例，我公布自己有「性別認同障礙」後，結識了更多溫和善良的好人，不少親戚、同學、同事在我參選後才得知我的性別認同問題，給我很多溫暖的鼓勵。

後來行政機構同意我變更戶籍性別，我在世田谷區的車站偶然遇到一位過去認識的區公所職員。那一次對談，令我永生難忘。

我一見到那個人，就主動說出自己成功變更性別的喜訊，對方也眉開眼笑地恭喜我，上前來跟我握手。那個人坦承，他一開始也對我抱有偏見，直到聽完我的說明，才發現我的訴求是認真的，他對自己過去的無知深感抱歉。聽了那個人的說法，我也跟他低頭致謝。

是非對錯的界線很容易改變，很多事往往沒有確切的真相。社會多半是靠「既定觀念」和「約定俗成」在運作，這當中又牽扯到模糊曖昧的「普世價值」。

說穿了，害怕揭露隱私會失去一切，這種恐懼多半也是自己嚇自己。低著頭走路、夾著尾巴做人不會得到正面評價，抬頭挺胸才會得到大家尊重。普世價值並非不可撼動，評斷基準也非一成不變——現在我已經能用客觀的角度，來看待世道的演變了。

如何表達自己的信念，會影響到旁人對你的看法。因此，你不必去在意那些引人注目的批評，把自己搞得神經兮兮，還誤以為大家都在批評你。光明正大做自己就好，別人對你的評價不會只有單一面向，肯定有人對你抱持正面的看法。概念無法取信於人，人品才能取信於人。真誠說出你的想法，會有更多人感受到你的誠意。

「讓社會聽見弱勢的聲音」還有「惜緣」，是我一向很重視的兩句話。主動聆聽無聲的吶喊也是我的信念，有些人沒法喊出自己的訴求，同樣地，也有人願意體諒弱勢族群，只是沒有表態而已。我希望各位明白，其實這樣的人不少。我也想多發掘這些無聲的訊息，把沉默的弱勢族群串聯起來，是非常重要的一件事。

這就是我對抗惡意攻擊的想法。

第七章

什麼是「普通」？——共創寬容的社會

社會價值觀的界線是可變動的

判斷的基準

現行的身心障礙者保障制度，必須先劃下一道主觀的界線，然後用那道界線把當事人歸納在一起，再貼上一個標籤，認定他們有身心障礙的問題。

以第五章的聽障者為例，人類的聽力從正常到完全失聰，是一個連續的演變過程。所謂的聽障者認定，就是在這個演變過程中，擅自劃下一道界線來區分聽障者。然而，我們都習慣用「正常人」和「聽障者」的二元劃分法。

一般來說，聽力好壞是用分貝（dB）來表示，正常人介於〇到二十五分貝之間，至於初期聽覺障礙者，兩耳要達到七十分貝才符合認定標準。達到七十分貝的人，在沒有配戴助聽器的情況下，就算站在吵鬧的電視機前，也聽不清楚節目內容。

不過，實際上只要達到四十分貝，日常生活就需要助聽器輔助了。年老失聰的老人家多半處於這個程度，換句話說，當事人的日常生活和社會活動已經面臨困難，但並不一定符合身障者的認定標準。這些人平常已經有聽覺的困擾，卻得不到聽障者認定，無法申請行政支援，這就是現行制度的問題。

再者，不同國家對聽障者的支援和認定標準也不一樣。二〇〇五年度的《身心障礙者白皮書》中，曾用二〇〇〇到二〇〇二年做過的調查，來估算身心障礙者佔全國總人口的比例，結果發現百分之五的國民都患有某種程度的身心障礙。也就是每二十個國民中就有一人患有身心障礙。美國的比例是每五人中就有一人，瑞典是每三人中就有一人。換句話說，日本的身心障礙認定比其他國家更嚴格，除非當事人處於極度的困境中，否則無法獲得認定。

而且，身心障礙者的認定是採用「申請主義」，意思是本人必須保證自己是「身心障礙人士」，並主動提出申請，否則無法獲得外部人士的認定。

身心障礙的認定界線，把我們和身心障礙者劃分成不同群體。這道模稜兩可的界線經常帶有爭議性，而身心障礙者的生活品質主要受到社會環境影響。從這層涵義來看，生活在同一個社會的我們，也是造成身心障礙者不便的原因。我們應該把身心障礙者的問題當成自己的問題，而不是用事不關己的態度，來看待身心障礙者的困境。

性觀念的演變，也使同性戀地位改變

時代在改變，「性」的論述也與時俱進。我想探討一下同性戀的社會地位，也算確認一下性觀念的時代演變。

一九九七年，東京駿河臺的明治大學刑事博物館舉辦了一場「歐洲拷問展」。我去參觀的那一天，會場人潮相對較少，據說之前在墨西哥舉辦的巡迴展，足足吸引了一百萬人次參觀。

博物館中展示的都是中世紀到近代的拷問器材和處刑用具，主要用在刑事裁判和宗教裁判上。每一種展示的器具都有標示使用年代、地區及受刑的對象，最令我驚訝的是，很多刑具不只用在異端和魔女身上，也用來拷問和處死同性戀。

過去基督教認定同性戀是不道德的行為，因此中世紀歐洲的宗教裁判所會處罰同性戀和同性性行為。後來，歐洲各國還有所謂的「性悖軌法（Sodomy Law）」，這套法律規定男性間的性行為屬於犯罪行為。「性悖軌」廣義上是指無關生殖的「不道德性行為」，狹義上則指同性間的性行為。這個字眼源自《舊約聖經》中的索多瑪城，據說索多瑪城的人民多半沉溺於同性間的性行為，於是被上帝降罪毀滅。

直到一九八〇年代，歐洲人權法院做出一連串判決，認定各國的性悖軌法違反歐洲人權條約，性悖軌法才在歐洲銷聲匿跡。

美國則是在近年才廢除性悖軌法，二〇〇三年六月二十六日，美國聯邦最高法院做出一個劃時代的判決，也是廢除惡法的契機。起因是德州一樁反對性悖軌法的訴訟，最高法院參照聯邦法條後認定性悖軌法侵害個人隱私，而且違反憲法賦予的人權。這個判決結果出來後，等於剩下十三州的性悖軌法也統統違憲。曾經多達五十州奉行的性悖軌法，終於在這個判決下徹底消失。

可是，回過頭來看二十世紀，人們普遍把同性戀視為精神疾病。一九五二年，美國精神醫學會發表的診斷基準ＤＳＭ-Ｉ，認定同性戀是「萌生病態性欲的精神病人格」。一直到一九七三年，該學會的診斷基準才刪去這一條，而這要歸功於同性戀人權運動的推廣。世界衛生組織的疾病分類ＩＣＤ，也在一九九三年的第十修訂版中明示，同性戀在任何意義上都不是治療對象。日本精神神經學會一直到一九九五年，才沒把同性戀視為精神障礙。

現代醫學已不認為同性戀是「疾病」或「異常」，而是跟異性戀同等的性取向。這也讓我深刻感受到，時代的演變會改變人們的觀念。

二〇〇六年九月，美國人權團體「人權戰線」做了一個調查，發現全美有九個州禁止歧視他人的「性取向」，包含同性戀和雙性戀。另外還有超過八個州禁止歧視他人的「性取向」和「性別認同」。

社會對同性戀的看法從犯罪轉變為精神病，又從精神病轉變為個人特色，現在同性戀的尊嚴也受到了保障。相對地，日本對「性別認同障礙」的看法也獲得醫學的定位，官方也提供了正式的醫療措施和性別變更的法律制度。

人們對「性別認同障礙」和跨性別者的看法，今後還會有更大的轉變吧。提供相關人士必要醫療措施的機構增加，特別法制定後，也有很多企業願意配合員工的需求，提供在職中的性別變更措施。二〇〇六年五月，媒體報導一位小學二年級生在醫療機構的協助下，以自己嚮往的性別參與校園生活，引起極大話題。如今有越來越多的國高中、大學提供靈活的應對措施。

社會風氣變得更為寬容，這是值得讚賞的事，我也希望未來社會更加進步。社會對這些議題有更深的理解，當事人會更積極擺脫「病理化」的汙名。現在的開放風氣並不是最終目標，而是追求美好社會的一個過程罷了。我衷心盼望，未來每個人的性別認同都可以被視為多元的特性。

正視性少數族群的現況

學校沒教的事

小寶寶一生下來，父母最常問的不外乎以下幾個問題。

「寶寶健康嗎？是男生還是女生？」

日本規定新生兒出生兩週內要提出註記性別的出生證明，是男是女，其實張開嬰兒的大腿一看就知道了，有陰莖就是男生，有陰道則是女生，這算是普遍的認知，也沒什麼人有疑慮。

可是，據說每兩千名嬰兒中，就有一名嬰兒的生殖器官難以辨識性別。把這個數字套用在日本的出生人數上，等於每年有將近六百名新生兒一出生就有中性的生殖器官。

而這樣的人在全日本共有六萬人，一般都稱為「間性」。

其實男性和女性的生殖器官原本是同樣的組織。男性的陰莖和女性的陰核，還有男性的陰囊和女性的陰唇皆是如此。胎兒在母體內最初的七週，屬於「兩性具有」時期。顧名思義，這個時期胎兒的生理構造還沒有區分性別。那麼，性別究竟是如何分化的？

學校教育告訴我們，有XX染色體就會生為女性，有XY和Y染色體則會生為男性——但這只是片面的資訊。事實上還有更多不同的狀況。以染色體來說，有的女性只有一個X，也有人是XXX。有的男性是XXY，也有XYY這種兩個Y的狀況。學校教育只告訴我們典型的例子，並不是「所有」例子。

胎兒在兩性具有時期，要經過三個階段才會產生各自的性別。首先，男性生殖器是由女性生殖器演變而來的，男性生殖器形成的第一階段要具備Y染色體。更確切的說法是，Y染色體上要有睪丸決定因子，才會產生睪丸。下一個階段是在適當的時期分泌適量的男性賀爾蒙，這會讓兩性具有的組織改變為男性的生殖器官。最後一個階段則是賀爾蒙的受體，就算有睪丸分泌賀爾蒙，若沒有承接的受體也無法發揮效果。

上述步驟要環環相扣，才會產生典型的男性生殖器官。

不過在其他情況下，男性的生殖器官會演化失敗，變成中性的生殖器官。例如，Y染色體上沒有睪丸決定因子，或睪丸決定因子附著在女性的ＸＸ染色體上；還有一種情況是睪丸無法分泌足夠的賀爾蒙，或先天缺乏賀爾蒙的受體，無法發揮賀爾蒙的機能等。前面提到的間性嬰兒就是這樣產生的。

除此之外，有些人的生殖器官乍看很正常，但睪丸和卵巢的性腺異於常人。少數人同時擁有睪丸和卵巢，或完全沒有睪丸和卵巢。非典型的生殖器官多半被視為「異常」，父母在安排矯正手術前也不會徵詢小孩的意見，小孩只能接受父母決定的性別和生殖器官。事實上，出生證明上的性別登記是可以保留的，但幾乎沒人知道這件事。

表面上來看，我們的身體只有男女這兩種性別，但這兩種性別也只是性別光譜上的其中一種色相罷了。不管大家屬於哪一種，都具有同等的價值，儘管社會制度和群眾的性別認知，只有簡易的二元分類，但人類應該是更多元的存在。

喜歡同性是怎麼回事？

為了破除各位的成見，請先回答下列兩個問題：

1. 你是否曾在同性身上，感受到性方面的魅力（男性對男性，女性對女性）？

2. 你是否曾對同性產生性方面的亢奮，並有肢體上的接觸？

上述兩大疑問，是一九九四年六月到九月，厚生省科學研究補助企劃做的「青春期伴侶關係調查」，調查對象是札幌、東京、名古屋、大阪、福岡這五大都市的年輕人，年齡介於十三歲到二十四歲。樣本從住民基本臺帳中隨機抽取一萬人，並在完全保障隱私的情況下進行調查（有效樣本為一千九百六十八人）。

第一題回答「是」的年輕人佔百分之二十．二。第二題回答「是」的年輕人，佔百分之十．一。對於這樣的結果，不曉得各位有什麼看法？是不是超出各位的想像？換句話說，每五人之中就有一人喜歡同性，每十人之中就有一人曾和同性親密接觸。我們的家人、朋友、同學、同事，都可能是這樣的人。

《青少年愛滋與性愛》一書分析這份調查結果，並介紹相關的評論。該書的編作者宗像恆次先生，也發表了下列論述：

在我國，這樣的調查還是第一次用大規模隨機抽樣的方式進行。而調查結果也發現，男女各有百分之十的人口有趨近同性戀的性傾向。其實放眼全球，這是相當普遍的比例。既然有百分之十的國、高中生可能是同性戀，那麼性教育和愛滋防範教育就有其必要。

順帶一提，現行的性教育是以「養成對異性的關愛」為學習目標。這樣的學習目標本身就是一種歧視，相信不少學生看了也很難過吧。性教育的學習目標應該是「養成對所有人的關愛」才對。

我完全贊成這樣的看法。現實生活中，很多同性戀不敢說出自己的心聲，只能默默忍受孤獨和疏離感。當今的日本社會，還是把異性戀視為主流。

喜歡上別人是一件很正常的事，但性愛沒有這麼單純。有人喜歡同性，也有人對異性或同性沒興趣，甚至根本沒有性欲。這些人的性傾向也不符合主流觀念，我們會喜歡上什麼樣的人，本來應該是不受限制的，無奈社會有打壓異端的壓力，少數族群只好保持沉默。

日本的學校不會教導多元性別，父母也不會教，社會風氣也不認同這樣的事。於是很多孩子否定自我，對將來感到絕望，至今依舊在孤獨的深淵徘徊。為了那些孩子的福祉，我們應該盡快檢討教育的內容。

低調的性少數族群

一九九九年，京都大學教授日高庸晴先生主辦一場調查活動[11]，調查對象是男同性戀或有同性戀傾向的人士。結果發現有高達百分之六十四的人曾想過要自殺，另外有超過百分之十五的人曾有自殘或自殺未遂的行為。二〇〇一年岡山大學醫學部也對「性別

11「同性戀暨雙性戀男性的健康報告」，日高庸晴，厚生勞動省愛滋對策研究事業。

認同障礙者」做過類似調查，百分之七十五的人想過要自殺，百分之三十一的人有自殘或自殺未遂的經驗。

過去，社會大眾對性少數族群有一種偏見，好像性少數族群是珍禽異獸，每個都從事特種行業，整天過著荒淫墮落的生活。現在還是有不少媒體如此看待性少數族群，但我希望各位了解，這種社會觀念和真正的狀況差距甚大。

真正的問題仍是社會制度和人心的屏障，這兩大屏障不消除，性少數族群就難以過上普通生活。前面也有提到，性少數族群至少佔了一到兩成的人口，他們可能是你的親人、朋友、同事。然而，大部分的人幾乎沒有注意到，這會衍生出怎樣的問題呢？

比方說，電視節目在消遣同性戀族群，你也跟著嘲笑，請問當事人作何感想？以我個人為例，我表面上強顏歡笑，內心卻非常難過，因為我知道絕不能在那種人面前坦承自己的性別認同，許多性少數族群對自己的家人和親朋好友都有這樣的防範意識。

一想到這裡，我不免悲從中來。我很清楚那些性少數族群的朋友，始終擺脫不了那樣的困境。我向家人坦承自己是跨性別者，但多數同性戀不敢對親人坦承性傾向。最近我跟同年紀的同性戀朋友吃飯，沒有一個人敢對家人說出心聲。那些朋友表示，他們從小就覺得自己異於常人。有的人是到青春期才發現這一點，而且花了五年、十年、十五年才接受現實，終於坦然面對自我。但他們仍不敢對自己的親人表白，整個社會制度和風氣，根本不把他們當一回事。

平等的選擇機會

現在這個時代，各國的性觀念都不一樣。有的社會激烈排斥同性戀，有的社會開放同性間的婚姻制度。二〇〇一年，荷蘭終於開放同性戀結婚，同性結婚有了一套完善的法律制度。兩年後，比利時也提出了同性婚姻的法律修正案。二〇〇五年夏天，加拿大和西班牙也跟進了。西班牙是反同性戀的天主教國家，但首相薩帕洛德把同性婚姻視為一大政見，他順利當選後也遵守了承諾。

不同社會對於「常態」的認定基準也不盡相同，同樣的行為放到不同的國家，有些國家會判死刑，有些國家則會給予祝福。平等的權利和尊嚴，該有什麼樣的面貌？社會規範又該如何制訂？每個國家和社會都有不一樣的討論。

身在同一個時代，荷蘭、比利時、西班牙等國家早已改變陳舊的制度，日本卻沒有變化的跡象。很多性少數族群不敢說出自己的心聲，在同事和親朋好友面前，只好不斷說謊來掩飾自己，內心承受極大壓力。

有些人可能認為，同性戀不必結婚也能一起生活啊。以日本來說，年長者可以透過簡便的手續認年輕人為養子，簽好一份文件就能成為家人，財產分配和繼承的權利也獲得保障，也確實有同性戀用這樣的方法代替結婚。但這終究是替代方案，不是真正的解決之道。

現存的婚姻制度是以異性戀為前提，這樣的制度無法保障平等的權利。就算同性伴侶建立了長久的關係，也得不到任何保障，既沒有家人間的財產分配繼承權，伴侶身分也得不到社會大眾認同。我希望各位明白，這是多麼殘酷的一件事。

我個人認為，每個人至少該有平等的選擇機會，而法律是改變不公不義的基石。我自己就親身體驗過，「性別認同障礙者特別法」成立後，社會大眾的認知逐漸開放，公家機關也沒有再忽視同性戀的狀況了。尤其宣傳效果相當顯著，越來越多人了解這是人權的課題。要不要結婚是個人自由，但連選擇權利都沒有，這就不公平了。

日本憲法規定，婚姻要有「兩性合意」的前提才算成立，這裡的兩性指的是生理性別上的男女。換言之，同性婚姻要獲得認可得先修改憲法，但根據憲法第九十六條規定，修憲要有三分之二以上的國會議員同意，及半數以上國民投票贊成，要跨越這一道門檻並不容易。可是，我對同性伴侶的困境也深有體會，這個問題必須設法解決才行。大家應該提出訴求，呼籲立法單位修訂法條，打造出一個有利於同性伴侶生活的社會。

我們的人生本該有更多樣化的選擇，如果社會不認同性少數族群結婚的權利，也該推出替代方案保障他們在一起的權利。要開拓出更多元的選擇，得先理解社會的架構，提出訴求的方式也會影響到遊說的結果。

請各位一起帶動改革的浪潮吧！

活出自我，就是「正常」

我從小就覺得自己「異於常人」，也找不到人訴苦。我依稀記得，年幼時我就對自己的性別感到不適應。我想了解自我，卻始終得不到啟示。那個年代的普世價值才是唯一的「基準」，我一直沒機會用正面的角度，看待自己與眾不同的部分。

在那個年代，光是做自己就會讓你顯得格格不入。兒童的世界是成人價值觀的縮影，我遇到的小朋友和大人，都想「矯正」我陰柔的個性，要求我當一個男子漢。

整整二十多年，我過的是扼殺感情的人生。我努力扮演一個「正常人」，乍看之下人生也一帆風順。然而，我從不認為自己過得幸福，幸不幸福是由自己的心決定的，我的心卻始終在淌血。直到快三十歲，我才發現外界灌輸給我的價值觀，害我以為自己是一個不正常的人。

欺騙自己的心，絕對得不到幸福，因此我開始摸索自己的性別認同，不再強迫自己接受「正常」。

十年後，亟欲活出自我的欲望，帶我走向了「女性」這條路。我無法忍受這個扼殺自我的社會，只好站出來角逐議員，表達自己的訴求。當上議員後，我點出許多被大眾埋沒的問題，同時也明白一個道理。那就是「我們與社會共生」，光靠自由意志無法獲得幸福。想活出有特色的人生，但旁人和社會的觀感，會影響到你的人生幸福。

這也是我們要求社會改變的原因，為了讓社會認同每一個人的特性，不同的稟賦都應該受到尊重。就算那樣的稟賦殊異，社會也該守護其尊嚴。

二〇〇五年七月，世田谷區議會派團和海外姐妹市交流，我也隨行出訪。交流團前往加拿大的太平洋沿岸都市溫哥華及北美大陸中部的溫尼伯。加拿大聯邦議會在當月審議同性婚姻法案，我們議員團訪問的時機，剛好落在法案成立之後。

參訪溫哥華又正好遇上性少數族群的驕傲日，全市舉辦盛大活動，讓更多人深入了解性少數族群。我們去視察市政中心，那裡的階梯漆成六種顏色，市政中心前的護欄還插著六種顏色的旗幟，相信各位都明白這象徵的涵義。

彩虹是多元的象徵，當中的顏色在不同文化中有各別的意義，而且不同顏色相連，還包含無數的色彩，沒有明確的分界。六色彩虹更是性少數族群的驕傲和自尊的象徵，市政中心的階梯還有護欄上的彩虹旗，都是市政府對驕傲日表示的敬意。

溫哥華市政中心前的大樹，過去只用來做聖誕節裝飾。如今，市政府開放給各種不同的團體進行文化、民族、宗教性的宣傳。多元文化主義已成為溫哥華和加拿大聯邦政府共通的信念，那是一種嚮往多元文化的價值觀。溫哥華的餐廳、商店、住宅都有掛彩虹旗，我饒富興味地眺望溫哥華市容，感受著當地人民掛上彩虹旗的溫情。

接下來我們造訪姐妹市溫尼伯，溫尼伯是曼尼托巴省的省都，也是加拿大頭一個選出同性戀市長的都市。我在當地認識了一位口譯小姐，那一次對話帶給我很深刻的印象。

她好奇地問我，為什麼想當議員？我用輕鬆自在的態度說出自己參選的動機。起初她對我的說法感到訝異，後來我詳述自己的經歷，她似乎也大受感動。

她說，加拿大雖然承認同性戀結婚的權利，但人們對同性戀仍有偏見，有些人甚至不承認同性戀的人權。不過她開心地告訴我，她的一位朋友明年就要跟同性伴侶結婚了。

「我丈夫的表妹也承認自己是同性戀，我們的鄰居還是跨性別者呢。」

在加拿大，同性戀和跨性別者並不罕見。我可以感受到，他們在自己的親朋好友和同事面前無拘無束。這些性少數族群不必偽裝自己，每個人都有表達「自我」的權利，社會也逐漸接受他們最真實的面貌。人們互相包容，不會排除異己——這才是真正的常態化。

從「男性」轉變成「女性」的我，確實稱不上「典型」的存在，但我不認為自己的人生「特殊」或「異常」。當你的本質受到難以忍受的侵害，我相信你也會挺身頑抗。「正常」究竟是什麼？「理所當然」又是什麼？「正常」的概念會隨時空背景改變。請不要用你習以為常的社會觀念，把主流之外的少數族群視為「異類」，這樣的分類方式未免太過武斷。

不只性少數族群如此，其實每一個身陷困境的「當事人」，都沒有太大的奢望。

我本身就是「當事人」之一，也花了好一段時間才發掘內心的渴望。這一路走來，我發現當事人的觀點和其他人完全不一樣。我的人生在旁人眼中很奇特，但我只是想追求身心協調而已。我只是在追求大多數人一生下來就擁有的東西。

我想和心愛的人一起生活，也有結婚的意願。在職場上發揮自己的能力一展抱負，也是我對自己的期許。我希望過得平安健康，行使自己正當的權利，參與選舉和社會活動——這些都不是很特別的奢望。看待事情不該只有一種觀點，聚焦的角度不同，對事物的看法也會有不一樣的結果。

夏威夷大學醫學院的米爾頓．戴蒙博士是世界知名的性學家。他說過一句至理名言，大自然熱愛多元性（Nature loves diversity），社會卻痛恨多元性。

請各位靜下心來深呼吸回想一下。人類在浩瀚的自然環境中只是滄海一粟，為什麼我們要劃分彼此，擅自評鑑善惡優劣？自然孕育多樣化的生命，我們創造的社會也該重視多元性。我認為這才是人類該有的姿態，如果大家都願意接受彼此最真實的面貌，在社會上生活將是一件更愜意的事情。

讓社會聽見弱勢的聲音，打造出人人都能輕鬆過活的「寬容社會」吧！

後記
漫長的十年旅程

二〇〇五年二月十六日，我遵照「性別認同障礙者之性別處理特別法」的規定，備妥一切必要文件，向東京家庭裁判所申請性別變更。家庭裁判所找我去面談一次，三月九日那一天，審判官問我兩個問題。

「您提交的文件有任何疏漏嗎？」

「沒有。」

「性別一經變更就難以恢復，您確定要變更嗎？」

「這是我的期望，不勞費心。」

「好，沒有其他問題了，請您回去靜候佳音。」

對話只有短短幾分鐘，過去我費盡唇舌都難以達成的目標，在特別法成立後，竟然只要幾個簡單的手續就辦妥了，著實令我意外。一想起過去的辛勞，我心中泛起了一股近似憤怒的情緒。

二〇〇五年四月二十日，東京裁判所終於認可我的性別變更。我打回老家報喜，恭喜兩位老人家多了一個女兒。父親感觸良多地說，這確實是一件應該慶賀的喜事，母親也為我高興。

自我接受賀爾蒙療法以來，就以「女性」身分度過新的人生。我動了性別重置手術，戶籍也正式變更為「女性」——這趟逐步轉變性別的旅程，在漫長的十年後總算告一段落。

社會對我們這些跨性別者的待遇，在這十年有很大的轉變。以前我們總是被冠上人妖或變性人之類的蔑稱，現在則是用「性別認同障礙」這個醫療概念來稱呼。

過去在檯面下非法進行的「變性手術」，也更名「性別重置手術」，少數大學醫院也把性別重置當成「正式的醫療行為」。

特別法成立後，幾乎不可能變更的戶籍性別，現在也可以變更了。本書開頭也提到，不受既有性別觀念束縛的人，統稱為「跨性別者」，近年來跨性別者的數量也越來越多。

日本的最高人權機構是法務省的人權擁護局，特別法成立後，人權擁護局也明確指示，要特別重視「性別認同障礙」的人權議題。在中央和地方上，公務員研討會和促進人權的業務研習會，也把性別認同障礙視為重要的研習內容。地方上還有頻繁舉辦公職研討會，以及啟發民眾人權觀念的演講。

對於經歷過那一段保守歲月的我來說，是非常驚人的變化，而這都要歸功於勇敢表達訴求的當事人，多虧他們持續向醫療機構、行政機構、司法單位、國會、社會大眾疾呼，狀況才逐步改善。

再來，還要感謝本文中提到的各方人士。要不是他們勇於對抗社會偏見，不斷提供我們熱情的支持，我想社會也不可能產生變化。

社會在改變的過程中，不是只有性少數族群會經歷這樣的困境。我也一再重申，沉默的下場就是被忽略。弱勢者必須勇敢表達訴求，帶動社會風氣改變，才能創造出一個包容多元性的社會。每一個人追求變化的勇氣，會化為你和夥伴的希望，推動社會進步，這是我深信不疑的道理。

最後，我要感謝各方有志之士，多謝你們的關照。精神科醫師針間克己先生在特別法制定的過程中，以專業人士身分加強立法單位對「性別認同障礙」的認知。這次他也提供專業的醫學知識，負責審訂這本著作。

我也要感謝木原洋美女士、松原溪女士、北小路康美女士，她們在我撰寫這本書時提供了不少建議；這是我第一次寫書，岩波新書編輯部的太田順子女士，從企劃階段一路幫我，請容我獻上誠摯的感謝。

我也想藉這個機會，感謝我的伴侶山路明人，謝謝你的不離不棄。

二〇〇七年一月

上川礼

附錄
獻給想要深入了解的人

針間克己（精神科醫師、本書審訂人）

性別認同障礙

「性別認同障礙」是醫學上的疾患名詞，英文是gender identity disorder，性別認同障礙就是從這個英文翻譯過來的。過去性別認同障礙又稱為「變性症（transsexual-ism）」，直到一九八〇年才改稱「性別認同障礙」。

現在診斷性別認同障礙，主要依照兩大國際基準，分別是WHO（世界衛生組織）制定的ICD-10，以及美國精神醫學會制定的DSM-IV-TR。性別認同障礙有分「兒童性別認同障礙」和「青年暨成年性別認同障礙」，這裡就來說明一下後者。

首先是診斷基準A，患者對相反的性別有強烈且持續的認同感。具體來說，患者的行動模式、思維、感受要跟異性相同，且想靠手術或賀爾蒙療法轉變成異性的身體，或用異性的身分參與社會生活。

診斷基準B，患者對自己的性別有持續的不快感，或對自己的性別角色感到不適應。具體來說，MTF（想從男性變成女性）患者討厭陰莖或睪丸，不能忍受低沉的嗓音和鬍鬚，討厭壯碩的體格，不喜歡穿西裝打領帶等；FTM（想從女性變成男性）患者則不能忍受乳房隆起，討厭豐滿的臀部，不想要有月經，也不願意穿裙子等。

診斷基準C，這種障礙並沒有伴隨生理上的半陰陽狀態。所謂半陰陽狀態，是指性染色體（XX、XY等）、生殖腺（睪丸、卵巢）、內生殖器、外生殖器等生理性別，屬於非典型的狀態。換句話說，性別認同障礙者的生理性徵，沒有明確的非典型部分。

最後是診斷基準D，此種障礙在臨床上會造成確切的痛苦，並且在社會、職場等重要領域引發機能障礙。在DSM-IV-TR中，不少精神疾病也適用這一項診斷基準。這樣的概念是不是疾病還有待商榷，但加入這一項診斷基準，可以作為疾病認定的最低標。

滿足以上四項診斷基準，才會被診斷為性別認同障礙。

另外，根據性別認同障礙特別法的定義，性別認同障礙者在生物學上有明確的性別，但心理上持續認定自己屬於不一樣的性別（以下簡稱其他性別）。而且當事人在生理和社會層面上，有意轉化為其他性別。為此，至少要有兩名具備專業知識和經驗的醫生，遵循普遍認可的醫學見解做出一致的診斷，才符合性別認同障礙的標準。換句話說，法律上的「性別認同障礙」概念，和醫學上的「性別認同障礙」概念未必一致。

日本在九〇年代後半開始引進治療措施，直到二〇〇六年為止，國內主要醫療機構總共診斷出大約五千名患者，男女人數各半。據悉，許多可能有性別認同障礙的人，沒有前往醫療機構受診，也沒有經過診斷，私自接受賀爾蒙治療或其他療法。像這樣的案例，要掌握確切人數並不容易。

「性別認同」的英文是gender identity，日文則翻譯為「性別一致性」，但使用英文比較好理解這樣的概念。其他類似講法有「性別上的自我意識」、「自我的性別意識」、「性別的自我認知」等，意思也都差不多。還有人用更簡單的說法，直接稱為「心理性別」。美國性學家約翰．曼尼創造出了gender identity一詞，定義為「每個男性、女性，或是雙性所具有的一貫特性」。

典型的男性和女性，性別認同和生理性別是一致的。換句話說，生理男性的心理性別也是男性，對自我的認定也是男性。可是，性別認同障礙者或跨性別者，性別認同和生理性別未必一致。也就是說，生理男性可能擁有女性的性別認同。

除了生物學的因素，後天的教養和生活環境等因素，也會影響到性別認同。

前面提到，gender identity的日文翻譯是「性別一致性」，過去對「性別一致性」這個字眼也有錯誤的描述。該描述指稱，唯有「生理性別」和「心理、社會性別」一致，才具有性別一致性。這是把「一致」誤解為身心的性別一致所產生的謬誤。事實上，identity的一致不是這個意思，而是指自我的單一性、恆定性、持續性，因此上面的描述是錯誤的。

跨性別者

「跨性別者」的英文是transgender。每個人出生時會依照生理性別，被賦予傳統的性別角色和性別認同，不受這套規範束縛的人就是所謂的跨性別者。具體來說，有變裝癖的人和性別認同障礙者也屬此類。跨性別者的性別認同可能跟性別認同障礙者一樣，處於身心不一致的狀態，也有那種時男時女、非男非女或介於兩性之間的類型。

七〇年代，美國的變裝癖團體創辦人維吉尼亞．普林斯，率先使用跨性別者一詞，意指生理性別和心理性別有別，但不願意動性別重置手術的人。不過，後人使用這個字眼有更廣泛的涵義，也包括想動性別重置手術的人。

另外，「性別認同障礙」、「變性症」等醫學術語，是由醫學專家命名的。跨性別者和這些詞彙不同，沒有醫學疾患的涵義。因此，不認為自己有精神疾患的當事人，也很樂意使用這一字眼，跨性別者一詞在歐美也被廣泛使用。這就好比「同性戀（homo-sexual）這個醫學術語被「好基友、蕾絲邊」等非醫學術語取代一樣。

然而，使用「性別認同障礙」這個醫學術語，在日本象徵擁護人權的訴求，也有醫療正當化的涵義在，所以當事人不見得會用跨性別者一詞。

改變性別，是為了活出真實自我：日本第一位跨性別議員為性少數、性別認同障礙者打破成規，改變社會！／上川礼（上川 あや）著．葉廷昭 譯．-- 初版．– 臺北市：時報文化，2021.9；面；14.8╳21 公分．--（View；106）
譯自：変えてゆく勇気－「性同一性障害」の私から

ISBN 978-957-13-9315-5（平裝）

1. 變性人 2. 性別認同 3. 政治參與 4. 傳記 5. 日本

544.75 110012920

KAETE YUKU YUKI: "SEI DOUITSUSEI SHOGAI" NO WATASHI KARA
by Aya Kamikawa

Originally published in 2007 by Iwanami Shoten, Publishers, Tokyo.
This complex Chinese edition published 2021
by China Times Publishing Company, Taipei
by arrangement with Iwanami Shoten, Publishers, Tokyo

ISBN 978-957-13-9315-5
Printed in Taiwan.

VIEW 106

改變性別，是為了活出真實自我

日本第一位跨性別議員為性少數、性別認同障礙者打破成規，改變社會！

変えてゆく勇気－「性同一性障害」の私から

作者 上川礼｜**譯者** 葉廷昭｜**主編** 陳信宏｜**副主編** 尹蘊雯｜**執行企畫** 吳美瑤｜**封面設計** 萬亞雰｜**編輯總監** 蘇清霖｜**董事長** 趙政岷｜**出版者** 時報文化出版企業股份有限公司 108019 台北市和平西路三段 240 號 3 樓 發行專線—(02)2306-6842 讀者服務專線—0800-231-705．(02)2304-7103 讀者服務傳真—(02)2304-6858 郵撥—19344724 時報文化出版公司 信箱—10899 臺北華江橋郵局第 99 信箱 時報悅讀網—www.readingtimes.com.tw 電子郵件信箱—newlife@readingtimes.com.tw 時報出版愛讀者—www.facebook.com/readingtimes.2｜**法律顧問** 理律法律事務所 陳長文律師、李念祖律師｜**印刷** 紘億印刷有限公司｜**初版一刷** 2021 年 9 月 17 日｜**定價** 新台幣 390 元｜（缺頁或破損的書，請寄回更換）

時報文化出版公司成立於 1975 年，1999 年股票上櫃公開發行，2008 年脫離中時集團非屬旺中，以「尊重智慧與創意的文化事業」為信念。